KNIRPS
RODRIGO RAUBEIN
SOKRATES
DIE ESEL
KÖNIG KILIAN

Rodrigo Raubein
und Knirps, sein Knappe

In den letzten Jahren vor seinem Tod begann Michael Ende eine Geschichte zu schreiben, die er »Raubritter Rodrigo Raubein und Knirps, sein Knappe« nannte. Drei fertige Kapitel tippte er feinsäuberlich ab. Vollendet hat er die Geschichte leider nicht mehr. Über zwanzig Jahre später hat Wieland Freund sie zu Ende erzählt.

Michael Ende
Wieland Freund

Rodrigo Raubein und Knirps, sein Knappe

Mit Bildern von Regina Kehn

Thienemann

Inhalt

Erstes Kapitel

in welchem die Hauptperson fehlt – und zwar plötzlich

Mitten im finsteren Mittelalter, an einem Mittwoch und obendrein noch um Mitternacht, rumpelte und holperte ein hoher, kastenförmiger Wagen, der von drei Eseln gezogen wurde, über eine Landstraße voller Schlaglöcher und Pfützen. Ein schreckliches Gewitter tobte, Blitze und Donner folgten einander so schnell, dass man nicht mehr feststellen konnte, welcher Donner zu welchem Blitz gehörte. Es regnete wie aus Gießkannen und der Sturmwind pfiff.

Wenn man sagt »im finsteren Mittelalter«, so bedeutet das eine Zeit, in der das elektrische Licht noch nicht erfunden war, das heißt also, bevor eure Großeltern kleine Kinder waren. Und das ist unvorstellbar lange her. Damals gab es weder Glühbirnen noch Autoscheinwerfer noch Taschenlampen und natürlich erst recht keine Straßenbeleuchtung. Man kann sich leicht vorstellen, wie kohlpechrabenduster es auf jener Landstraße mitten in der Nacht war.

Hätte es zu dieser Stunde ein Wanderer gewagt, auf der Landstraße zu gehen, und wäre er dabei dem Wagen begegnet, so hätte er allerdings schon von Weitem durch das Donnergetöse das Klingen von Glöckchen gehört, die am Zaumzeug und an den Zügeln der drei Esel hingen. Und im Schein der Blitze hätte er gesehen, dass der Wagen aussah wie ein kleines Haus auf vier Rädern, dessen Wände über und über mit lustigen Figuren bemalt waren. Aus dem spitzen Dach ragte ein blecherner Schornstein heraus, links und rechts an den Seiten waren Fenster mit Geranienkästen und an der Rückseite gab es eine Haustür mit einem kleinen Extradach darüber. Über den Fenstern zu beiden Seiten stand in großen geschnörkelten Buchstaben:

PAPA DICKS PUPPENTHEATER

Der Herr Direktor, ein rundlicher kleiner Mann, saß, in einen riesigen, regenfesten Mantel eingemummelt, auf dem Kutschbock. Das Wasser troff von seinem breitkrempigen Hut, sein Kopf wackelte im Takt der rumpelnden Räder hin und her, sein rosiges, rundes Gesicht sah ungemein friedlich und freundlich aus. Er war nämlich eingeschlafen und schnarchte geruhsam vor sich hin. Die Donnerschläge schienen ihn dabei kein bisschen zu stören. Ebenso unbekümmert zockelten die drei Esel weiter. Sie waren offenbar daran gewöhnt, sich ihre Straße allein zu suchen.

Das Innere des Wagens war nur durch das schwache Licht einer kleinen Ölfunzel erleuchtet, die an einer kurzen Kette von der Decke baumelte. In einer Ecke gab es einen Herd, an der Wand dahinter hingen allerhand Pfannen, Töpfe und

Kochlöffel. Gleich daneben befand sich eine Essnische mit einem Tischchen, einer Bank und zwei Stühlen, alles sehr praktisch und klein. In der anderen Ecke war ein Etagenbettgestell eingebaut, unten ein breites Ehebett, obendrüber, gleich unter der Decke und nur durch eine Leiter erreichbar, ein schmales, kleineres.

Der ganze übrige Raum war angefüllt mit Marionettenpuppen, die an ihren Fäden von der Decke oder von Gestellen herabbaumelten. Da gab es Prinzessinnen und Könige, Bürger, Bauern und Hexen, Zauberer, Tod und Teufel, Hanswurste, Türken, Pferde und Drachen und viele, viele Ritter. Auf dem Boden stapelten sich Kisten und Körbe, in denen die Kulissen aufbewahrt wurden und all die kleinen Sachen, die im Puppenspiel vorkamen, die Säbelchen und Schilde, die Königszepter und Tellerchen und Stühlchen und Bäumchen und Schiffchen und vieles andere mehr.

Die Puppen sahen in diesem flackernden Licht seltsam lebendig aus, wie sie so hin und her schaukelten, als ob sie miteinander tanzten.

Auf der Gardinenstange über dem Esstisch saß ein kleiner, sehr bunter Papagei, der den Kopf unter den Flügel gesteckt hatte und schlief. In dem breiten, unteren Bett lag Mama Dick unter einem rot karierten Plumeau und schnarchte ebenso hingebungsvoll wie ihr Mann draußen auf dem Kutschbock, nur viel zierlicher und melodischer.

Das obere, kleine Bett war leer. Und die Haustür in der Rückwand des Wagens schlug vom Winde bewegt auf und zu, auf und zu und immer wieder auf und zu.

Offenbar hatte jemand vergessen, sie ordentlich zu schließen.

Plötzlich gab es einen mächtigen Rums, als ob die Räder des Wagens gegen einen großen Stein gefahren wären, das ganze

Gefährt neigte sich und kippelte auf die Seite. Alles fiel scheppernd und polternd durcheinander. Auch Mama Dick purzelte aus dem Bett. Der Papagei konnte sich gerade noch mit seinen Krallen an der Gardinenstange festhalten, aber er hing kopfunter.

»Oh Schreck, lass nach!«, kreischte er. »Was war denn das?«

Mama Dick arbeitete sich unter einem Haufen Puppen hervor und rief laut: »He, Papa Dick, was ist denn passiert?«

Von draußen hörte sie ihres Mannes Stimme durch das Windsausen: »Dolly, Willy und Ully haben wohl wieder mal ein bisschen im Laufen gedöst und sind in den Straßengraben gefahren.«

»Ephraim Emanuel Dick«, antwortete seine Frau wütend, »schäm dich was! Du schiebst es auf die drei unschuldigen Esel, dabei hast du wahrscheinlich selbst geschlafen. Wie kann man nur so verantwortungslos sein!«

Wenn sie ihn bei seinem ganzen ausführlichen Namen nannte, so war das immer ein alarmierendes Zeichen für Papa Dick. Er guckte zur Wagentür herein und machte ein äußerst besorgtes Gesicht.

»Hast du dir etwa wehgetan, lieber Schatz?«

»Nicht der Rede wert«, antwortete der Papagei. »Sokrates hat sich bloß 'ne Schwanzfeder geknickt.«

»Halt du jetzt mal den Schnabel, Sokrates«, sagte Papa Dick, »dich habe ich nicht gemeint. Wie geht es dir, liebe Frau? Ist alles in Ordnung?«

Mama Dick zwängte sich aus der klemmenden Wagentür heraus. Sie war ebenso rosig und rundlich wie ihr Mann und nur mit einem Nachthemd und einem Schlafhäubchen bekleidet. Nachdem sie ihrem Mann einen versöhnlichen Kuss gegeben hatte, besah sie sich seufzend den umgestürzten Wagen.

»Glaubst du«, fragte sie dann, »wir können ihn wieder auf die Räder stellen?«

»Wir müssen's versuchen. In dieser gottverlassenen Gegend werden wir keine fremde Hilfe finden. Zum Glück scheint nichts kaputt zu sein. Zu dritt werden wir's schon schaffen. Knirps muss auch helfen. Wo steckt er denn? Ist er noch drin?«

»Ich glaube nicht«, antwortete Mama Dick beunruhigt. »Ich dachte, er war die ganze Zeit bei dir vorn.«

»Nein, bei mir war er nicht«, sagte Papa Dick.

Sie wechselten einen erschrockenen Blick, dann riefen sie gleichzeitig ins Innere des Wagens hinein: »Hallo! Knirps! Junge! Kind! Bist du da drin? Ist dir was geschehen? Sag doch was, Söhnchen! Lebst du noch? Knirps, antworte uns bitte!«

»Hier drin ist niemand«, schnarrte der Papagei, »außer bloß Sokrates.«

»Um Himmels willen!«, rief Mama Dick und schlug die Hände zusammen. »Wo ist er dann? Wo ist mein armes Kind? Wir haben ihn unterwegs verloren, aber wann und wo? Was ist ihm geschehen?«

Und dann rannten beide eine Weile in der Dunkelheit herum und schrien, so laut sie konnten, nach allen Seiten in den Sturmwind: »Knirpschen! Junge! Bübchen! Antworte uns doch, wenn du uns hörst! Wo steckst du denn? Komm zurück, Söhnchen!«

Aber die einzige Antwort war das Sausen des Windes und das Grollen des Donners.

Eigentlich hieß der Junge natürlich nicht Knirps. Getauft war er auf die Namen Hastrubel Anaximander Chrysostomos. Diese Namen stammten aus einem uralten Geschichtenbuch, aus dem Papa Dick die Stoffe für seine Theaterstücke entnahm. Aber solche komplizierten Namen konnte kein Mensch aussprechen und noch weniger behalten, nicht mal die Eltern selbst. Deshalb nannten sie ihn zeit seines Lebens einfach nur Knirps – und das werden wir in der ganzen folgenden Geschichte auch so halten. Man kann diese Namen also getrost wieder vergessen.

Mama Dick begann zu weinen. »Er ist ein so unerschrockener kleiner Kerl«, schluchzte sie, »hoffentlich hat er nicht irgendwas auf eigene Faust unternommen …«

»Nun«, meinte Papa Dick, »sagen wir's ehrlich. Er ist der störrischste und unverständigste Sohn, den wir je hatten.«

»Aber wir haben doch gar keinen anderen …«, jammerte Mama Dick.

Papa Dick nahm sie beruhigend in die Arme und streichelte ihr übers Haar, wobei er das Nachthäubchen in Unordnung brachte. »Beruhige dich, mein lieber Schatz«, murmelte er, »er taucht bestimmt bald wieder auf. So einem wie ihm passiert schon nichts. Wir finden ihn gewiss wieder und dann werde ich ihm doch endlich mal den Hosenboden ordentlich stramm ziehen.«

»Das wirst du nicht tun!«, heulte Mama Dick. »Du bist ein Rabenvater. Und überhaupt – was ist, wenn er nun von Räubern entführt worden ist?«

»Ach was«, sagte Papa Dick, »wir sind doch extra bei dunkler Nacht gefahren, damit uns niemand sieht. Und außerdem, bei diesem verdammten Wetter legt sich doch kein Räuber auf die Lauer.«

»Das glaubst du doch selbst nicht!«, rief Mama Dick immer verzweifelter. »Es wimmelt in dieser Gegend nur so von Galgenvögeln.«

»Na gut, aber warum sollten sie so was tun?«, wandte Papa Dick, nun selbst schon ziemlich unsicher, ein. »Wir sind doch nur arme Puppenspieler. Wir können doch überhaupt kein Lösegeld zahlen. Warum sollte jemand unsern Knirps entführen?«

Mama Dick entzog sich der Umarmung ihres Mannes und trat einen Schritt zurück. Sie war sehr blass geworden. »Hier irgendwo in den Wäldern«, brachte sie mit Mühe hervor, »haust doch Rodrigo Raubein, und das ist der schlimmste und grausamste aller Raubritter. Das ist ein vollkommen herzloser Mensch. Er tut Böses, weil es ihm Spaß macht, Böses zu tun. Er will gar nichts dafür. Und wenn er unseren Knirps ...«

Sie konnte nicht weitersprechen. Und nun fing auch Papa Dick zu weinen an. Sie hielten sich gegenseitig in den Armen und der Regen rann ihnen über die Gesichter.

»Oh Schreck, lass nach!«, krächzte Sokrates aus dem Inneren des Wagens. »Das wär eine schöne Bescherung. Aber ihr solltet nicht gleich den Kopf verlieren. Vielleicht ist Knirps nur mal eben ausgestiegen, um Pipi zu machen oder so was.«

»In solchen Fällen«, antwortete Papa Dick, von Schluchzern unterbrochen, »pflegt er aber zu rufen, damit man anhält und auf ihn wartet.«

»Aber wenn du doch geschlafen hast, du Schlafmütze«, fuhr Mama Dick ihren Mann an und schüttelte ihn, »dann hast du überhaupt nichts gehört! Und das arme Kind irrt nun in der Nacht herum.«

»Du hast ja auch geschlafen«, erwiderte Papa Dick kleinlaut, »ansonsten hättest du's gemerkt, wenn er aussteigt.«

»Zum Kuckuck!«, kreischte der Papagei erbost. »Würde vielleicht jemand so freundlich sein und den Wagen wieder auf die Räder stellen? Sokrates hängt hier noch immer kopfunter an der Gardinenstange, und sehen kann er auch nichts, weil die Funzel ausgegangen ist, und überhaupt. Wir bleiben eben hier und morgen früh, wenn die Sonne aufgeht, wird Sokrates in der ganzen Gegend herumfliegen und Knirps suchen. Und ihr könnt dasselbe zu Fuß machen. Aber jetzt können wir alle miteinander gar nichts tun als warten, ob er von selbst kommt. Also, stellt jetzt gefälligst den Wagen wieder auf, damit Sokrates wenigstens vernünftig nachdenken kann.«

Dieser Papagei war, wie man sieht, ein außerordentlich nüchtern veranlagter Vogel und nicht leicht aus der Fassung zu bringen. Er gehörte einer Rasse an, die besonders klein und besonders bunt war; er sah aus wie ein Clown, was er allerdings nicht sehr gern hörte. Außerdem war er, wie das bei Papageien öfter vorkommt, erstaunlich alt, schon fast hundert Jahre, also ungemein lebenserfahren.

Dass er so perfekt zu sprechen verstand, lässt sich einleuchtend erklären: Er war nicht nur mit Papa Dick und Mama Dick, sondern schon mit Großvater Dick und Großmutter Dick, die ebenfalls Puppenspieler waren, durch die Lande gezogen und hatte alle Theaterstücke Hunderte und Hunderte von Malen gehört, bis er sie fehlerlos nachsprechen konnte. Und da er ein außerordentlich gescheiter Vogel war, weshalb er übrigens auch den Namen eines berühmten griechischen Philosophen trug, konnte er inzwischen mit diesem enormen Wortschatz ebenso gut umgehen wie irgendein Professor.

Papa Dick fand einen starken langen Ast, den er als Hebel benutzte. Mama Dick packte ordentlich mit zu und stemmte sich unter den Wagen. Willy, Ully und Dolly, die drei Esel, legten sich mit aller Kraft ins Geschirr – und nach einigen Versuchen gelang es, den Wagen wieder auf die Räder zu stellen. Die Seite, die unten gelegen hatte, war ziemlich schmutzig, aber das wusch der Regen bald ab. Sonst war nichts beschädigt.

Das Ehepaar stieg hinein und zündete die Funzel wieder an. Dann räumten sie die durcheinandergefallenen Sachen auf und verstauten alles sorgfältig. Als das getan war, setzten sie sich einander gegenüber an den kleinen Tisch in der Essecke, hielten sich bei den Händen und blickten sich gegenseitig bekümmert an. Keiner von beiden hatte Lust, sich schlafen zu legen.

Mama Dick seufzte ab und zu und sagte immer wieder: »Was können wir nur tun, Papa Dick?«

Und Papa Dick antwortete jedes Mal: »Ich weiß es nicht.«

Schließlich schüttelte Sokrates sein Gefieder und plusterte sich. »Abwarten und Tee trinken!«, schnarrte er.

Und das taten sie dann auch, denn etwas Sinnvolleres gab es in der Tat vorerst nicht zu tun.

Vor dem Wagen draußen standen Ully, Dolly und Willy im Regen und Sturm. Das störte sie nicht, sie waren es gewohnt. Aber diesmal ließen sie die Köpfe und die Ohren hängen.

Zweites Kapitel

in welchem Knirps die Schauderburg belagert

Während weit, weit vorn auf der Landstraße Papa und Mama Dick in ihrem Wagen saßen, Tee tranken und sich um ihr Kind sorgten, bahnte sich Knirps einen Weg durch das dickste Dickicht eines Waldes. Zu jener Zeit gab es auch bei uns zu Lande noch richtige Urwälder mit tausendjährigen Baumriesen, mit Schluchten, die noch keines Menschen Fuß je betreten hatte, mit Schlingpflanzen und Sümpfen, in denen Irrlichter auf und nieder tanzten. Und der riesige Wald, um den es sich in dieser Geschichte handelt, hieß der Bangewald, denn er war ganz besonders unheimlich.

Es hieß, dass es dort nicht nur Bären und Riesenschlangen gäbe, sondern auch Waldgeister, schlimme Kobolde und alle möglichen anderen Ungeheuer. Vor allem aber lebte hier, irgendwo in seiner unnahbaren Burg versteckt, jener gefürchtetste aller

Raubritter, den Mama Dick schon mit solcher Ängstlichkeit erwähnt hatte: Rodrigo Raubein.

Niemand im ganzen Land wagte seinen Namen anders auszusprechen als hinter vorgehaltener Hand und in flüsterndem Ton, denn schon allein seine Erwähnung galt als gefährlich. Über die Wildheit und Bosheit dieses Unmenschen gab es zahllose Geschichten. Vor allem aber erzählte man sich geradezu unglaubliche Dinge über seine gewaltige Kraft im Kampf, die ihn ganz und gar unbezwinglich machte. Selbst die tapfersten Recken und kühnsten Draufgänger zogen es vor, sich erfolgversprechenderen Abenteuern zuzuwenden und um den Bangewald einen möglichst großen Bogen zu machen.

Trotzdem – oder vielmehr gerade deshalb – hatte Knirps beschlossen, diesen Mann aufzusuchen.

Diese erstaunliche Absicht soll auf der Stelle erklärt werden, denn sonst könnte sich möglicherweise jemand ein ganz falsches Bild von Knirps machen und ihn für ungeheuer mutig oder gar für einen Helden halten.

Aber das war er nicht. Denn mutig ist jemand, der Angst hat und seine Angst überwindet. Aber Knirps wusste überhaupt nicht, was Angst ist, und deswegen brauchte er auch nichts zu überwinden.

Angst hat nämlich nur einer, der das Böse kennt, das in ihm steckt, und es deshalb nicht sucht. Und auch davon wusste Knirps nichts. Er konnte sich einfach nichts Richtiges darunter vorstellen. Deshalb war das keine Tugend, sondern ein Fehler. Er hatte keine Ahnung, was man gegen einen solchen Fehler tun konnte. Er hatte gehört: Wer nicht zwischen Gut und Böse unterscheiden kann, der bleibt ewig ein Kind. Aber das wollte Knirps nicht, er wollte gerne erwachsen werden, und deshalb war er ausgerissen und nun auf dem Wege zu Rodrigo

Raubein, der ja zweifellos ein Fachmann auf dem Gebiet des Bösen war.

Noch immer tobte das Donnerwetter, der Regen stürzte in Bächen hernieder, Blitze zuckten und Donner krachten und der Sturmwind brachte den ganzen Wald in wilden Aufruhr. Knirps war nicht gerade richtig angezogen für seine Expedition. Seine kleine, magere Gestalt steckte in einem Harlekinsanzug, den Mama Dick für ihn aus all den Reststückchen genäht hatte, die ihr beim Schneidern der Kostüme für die Marionettenpuppen übrig geblieben waren. Kleine bunte Flecken aus Samt, aus Leder, aus Goldstoff, aus Fell, aus Seide, aus Filz oder Wolle. Natürlich war der Anzug schon völlig durchnässt und klebte ihm an den Gliedern. Einen Hut hatte er auch nicht und seine fuchsroten Haare standen ihm verstrubbelt um den Kopf. Sein sommersprossiges Gesicht und seine blauen Augen sahen aus, als wäre er geradewegs vom Himmel gefallen.

Im Schein der zuckenden Blitze erschienen die riesigen, knorrigen Baumstämme wie allerlei seltsame Gestalten mit verkrümmten Armen und Beinen, wie Gesichter mit glotzenden Augen, knorpeligen Nasen und aufgerissenen Mündern. Das vielstimmige Brausen und Heulen des Sturmwinds klang wie ein Chor jammernder oder drohender Stimmen. Aber Knirps marschierte weiter, ohne sich davon im Geringsten beeindrucken zu lassen. Ab und zu knallte er in der Dunkelheit mit dem Kopf gegen einen Ast, den er nicht gesehen hatte, oder er purzelte über dicke Wurzelstrünke. Aber er rappelte sich wieder auf und setzte seine Wanderung unverzagt fort. Ein paarmal geschah es sogar, dass der Wind Bäume entwurzelte, die krachend umfielen und andere Bäume mitrissen. Knirps kletterte über die dicken Stämme hinweg, die ihm im Weg lagen, und bahnte sich weiter seinen Pfad durch das Dickicht.

Einmal geriet er mit dem Fuß in etwas, das ihn festhielt. Er zog und zog und konnte doch nicht loskommen. Es sah so aus, als hätte eine Wurzelhand zugegriffen, denn der Fuß konnte eigentlich gar nicht anders zwischen diese Krallen gekommen sein. Knirps zog und zerrte mit aller Kraft, aber das Ding gab nicht nach. Vielleicht war es einer der boshaften Wurzelgnome.

»Hör mal«, rief Knirps, »lass mich los, ich muss doch zu Herrn Rodrigo Raubein!«

Kaum hatte er diesen Namen ausgesprochen, als sein Fuß auch schon frei war. Sollten sogar die Waldgeister und die Bäume sich vor ihm fürchten? Oder war es einfach nur Zufall gewesen?

Kaum war er ein paar Dutzend Schritte weitergegangen, als ein gewaltiger Blitz genau in die Stelle einschlug, wo er noch vor Kurzem gestanden hatte.

»Hat das mir gegolten?«, fragte Knirps. »Das fände ich aber nicht nett, wo ich doch bloß seinen Namen gesagt hab.«

Selbst die unheimlich aussehenden Bäume schienen vor so viel Unbekümmertheit zu erschrecken. Ihre Gesichter sahen plötzlich ziemlich entrüstet aus, und es war, als ob sie miteinander flüsterten und tuschelten.

»Schon gut«, sagte Knirps, »ich bin ja schon still.«

Und er stapfte seelenruhig weiter.

Ein wenig später ließ das Unwetter endlich nach, nur der Wind dauerte noch an und blies Wolkenfetzen an dem vollen Mond vorüber, sodass es abwechselnd hell und dunkel wurde. Doch unten auf dem Boden des Bangewaldes, wo Knirps sich seinen Weg suchte, war davon nicht viel zu bemerken. Die riesigen Baumkronen ließen kaum das fahle Licht durch.

Dann hörte plötzlich auch der Wind auf und es wurde totenstill. Nur das leise Geräusch der Tropfen, die von den Blättern fielen, war noch zu hören. Nebel stiegen aus dem Boden auf. Die Nachttiere, die sich bis jetzt in ihren Schlupflöchern verkrochen hatten, kamen nach und nach hervor und beobachteten mit ihren glühenden Augen von überallher den kleinen Wanderer, der da so ungeniert in ihr Revier eingedrungen war.

Der Boden wurde immer sumpfiger und an vielen Stellen wuchsen riesige Pilze. Manche davon waren größer als Knirps. Der Boden stieg jetzt merklich an und der Baumbestand wurde lichter. Man konnte sogar schon ab und zu den Mond durch die Baumkronen sehen.

Nachdem Knirps längere Zeit immer höher und höher gestiegen war, hörte er plötzlich in der Stille ein Knacken und dann wieder und noch einmal. Er ging dem Geräusch nach und entdeckte unter einem großen Haselstrauch einen Bären, der dort Nüsse knackte.

»Hallo, Bär!«, sagte Knirps und ging auf ihn zu. »Lass mir auch welche übrig. Ich hab Hunger.«

Der Bär drehte sich um und richtete sich brummend auf den Hinterbeinen auf. Er war mehr als dreimal so groß wie Knirps und blickte verwundert auf den winzigen Kerl in seinem sonderbaren bunten Anzug herunter.

»Ich tu dir schon nichts«, sagte Knirps.

Sei es nun, dass der Bär schon satt war, sei es, dass ihn so viel Unverschämtheit verwirrte, er ließ sich jedenfalls wieder auf alle viere nieder und trottete brummend davon.

Knirps blickte ihm freundlich nach und rief: »Danke!« Dann sammelte er alle Nüsse auf, die er finden konnte, stopfte sie in die weiten Taschen seines Mantels und machte sich wieder auf den Weg, wobei er unterwegs eine Nuss nach der anderen mit den Zähnen knackte und aufaß.

Der Mond war schon ein gutes Stück weitergewandert, als sich der Wald vor Knirps plötzlich öffnete und ihm den Blick auf einen kahlen Felsenberg freigab, der schroff und vielzackig emporragte. Ganz oben auf der höchsten Spitze war im fahlen Licht eine Burg zu erkennen, deren Anblick selbst aus dieser Entfernung wohl jedem anderen eine Gänsehaut über den Rücken gejagt hätte – jedem, nur nicht Knirps, der befriedigt nickte und einen bewundernden Pfiff ausstieß. Er war sicher, dass er hier nun endlich an der richtigen Postadresse angelangt war: Raubritter Rodrigo Raubein, wohnhaft in der Schauderburg auf dem Haarzuberg im Bangewald.

Die Burg war aus schwarzen Steinblöcken errichtet und hatte fünf verschieden hohe Türme, die alle irgendwie schief und krumm wirkten. Die wenigen Fenster, die nach außen gingen, da die Außenmauern direkt in die senkrecht abfallenden Felsen übergingen, sahen aus wie leere Augenhöhlen. Einen Burggraben gab es nicht, nur auf einer Seite gab es ein Tor, doch war von unten nicht zu erkennen, ob es offen oder geschlossen war. Im Ganzen machte diese Burg einen reichlich heruntergekommenen Eindruck.

Knirps begann den Aufstieg. Der Weg war ein schmaler Felsenpfad ohne Geländer, der sich in kuriosen Windungen um die hohen Felsnadeln schlängelte. Überall unterwegs, wo ein bisschen Platz dafür war, stieß Knirps auf Gräber, deren Steinkreuze schräg im Boden steckten. Auf den Grabplatten entzifferte er mühsam Inschriften der folgenden Art:

Hier liegt begraben Ritter Bogumil Drohmir,
erschlagen von Rodrigo Raubein
nach dreitägigem Kampf.
Wanderer, hüte dich weiterzugehen!

Oder:
Hier ruhen die mühsam eingesammelten Gebeine
des Riesen Untam Menuwel,
der das Pech hatte,
Rodrigo Raubein zu missfallen.
Wanderer, nimm die Beine in die Hand!

Oder:
Das bisschen, was noch übrig blieb
von den dreizehn Banditen
der Berserker-Bande,
die Rodrigo Raubein in die Quere kamen,
liegt hier in einem Blumentopf begraben.
Fremder, fliehe flugs von hinnen!

Beim Höhersteigen stolperte Knirps mehrmals über herumliegende Totenschädel und Knochenhaufen. Einmal musste er sogar an einem ganzen Spalier von menschlichen Gerippen entlangmarschieren, die mit verrosteten Ketten an die Felswand geschmiedet waren und Helme aufhatten. Offenbar hatte es sich da um eine ganze Rittergesellschaft gehandelt, die hier von Rodrigo Raubein dafür bestraft worden war, dass sie versucht hatten, ihm einen Besuch ohne Einladung zu machen.

Jeden anderen hätte diese Ehrenformation wahrscheinlich auf den Gedanken gebracht, dass es doch im Grund zu Hause viel schöner und gemütlicher sei und deshalb höchste Zeit, umzukehren. Aber nicht so Knirps.

Als er schließlich ganz oben angekommen war, sah er, dass der Weg auf einer Felsenzinne endete. Eine Zugbrücke führte über einen gähnenden Abgrund hinüber zum Tor der Burg. Diese Brücke war so morsch und die gewaltigen Ketten so rostzerfressen, dass es mehr als fraglich schien, ob sie überhaupt noch halten würde, wenn man darüberging. Außerdem war das riesige Tor geschlossen.

Knirps setzte seinen Fuß auf die Bohlen der Brücke. Es knackte und knisterte und irgendetwas rutschte und fiel in die Tiefe. Aber Knirps ging weiter. Einmal musste er über ein Loch zwischen den Planken springen. Die ganze Konstruktion schwankte auf und ab und die Ketten knirschten. Aber dann stand er schließlich vor dem Tor.

In der Mitte war ein Türklopfer in Gestalt einer Teufelsfratze, die einen dicken Eisenring im Maul trug. Knirps bewegte den Ring und klopfte ein paarmal. Er hörte, wie das Geräusch im Inneren der Burg gespenstisch widerhallte, sonst blieb es mucksmäuschenstill. Er klopfte noch einmal kräftiger. Dann schrie er durch die hohlen Hände: »He, hallo! Herr Raubritter Rodrigo Raubein, kann ich bitte reinkommen?«

Keine Antwort war zu hören und niemand kam.

Knirps klopfte noch eine ganze Weile weiter, aber vergebens. Allmählich wurde er müde, schließlich war er ja schon die ganze Nacht auf den Beinen gewesen. Die Augen fielen ihm fast zu.

»Vielleicht«, sagte er sich, »ist er nur gerade mal weggegangen, um eine Besorgung zu machen. Er wird bestimmt bald zurückkommen, sonst hätte er doch einen Zettel an die Tür gemacht, *Bin im Urlaub* oder so was. Ich setz mich jetzt einfach hierher und warte mal ein bisschen.«

Er kauerte sich also in die Ecke des Tores und war im nächsten Moment schon friedlich eingeschlafen.

Drittes Kapitel

in welchem der Raubritter Rodrigo Raubein beinahe einen Knappen bekommt

Aber Raubritter Rodrigo Raubein war keineswegs verreist. Er verreiste überhaupt nie, und er ging auch nie aus, um Besorgungen zu machen. Nein, er war zu Hause und hatte das Klopfen durchaus gehört. Aber er wollte um keinen Preis öffnen.

In Wahrheit war Rodrigo Raubein nämlich alles andere als das, was die Leute glaubten. Zwar war er tatsächlich fast zwei Meter groß und von hünenhafter Gestalt und sein Gesicht umrahmte ein struppiger schwarzer Vollbart, aber das war nur äußerlich. In Wirklichkeit konnte er keiner Fliege etwas zuleide tun. Wie man so sagt: Er hatte das Aussehen eines bösen Fleischerhundes und die Seele eines Gänseblümchens.

All die Geschichten über seine fürchterliche Wildheit und Ruchlosigkeit waren nur Gerüchte, die er selbst unter die Leute gebracht hatte. Und die hatten sie, natürlich mit eigenen Ausschmückungen, weitererzählt. Das war ihm nur recht, denn er legte Wert auf einen möglichst schlechten Ruf. Aber alles das war nur Tarnung, hinter der er sich versteckte, um in Ruhe gelassen zu werden.

Rodrigo Raubein war nämlich nicht nur ein zart besaiteter, sondern auch ein sehr ängstlicher Mensch. Das Leben schien ihm voller Gefahren und die Welt voller Bösewichter, die alle nur darauf aus waren, ihn zu überfallen, auszurauben oder gar totzustechen. Davon konnte man sie nur abhalten, meinte er, wenn man ihnen noch mehr Angst machte, als man selber hatte. Und tatsächlich war es ihm durch diese Methode gelungen, bisher ein ziemlich ungestörtes, wenn auch recht einsames Leben zu führen.

Es hatte ihn jahrelange Arbeit gekostet, all die Kreuze und Grabsteine selber zu machen und aufzustellen. Darunter lag überhaupt niemand und hatte auch nie jemand gelegen. Die Gerippe und Knochen und Totenschädel stellte er aus Gips und Lehm in einer Werkstatt her, die er sich eigens dafür eingerichtet hatte.

Leider waren diese bildhauerischen Meisterwerke nicht besonders haltbar. Im Regen und Schnee weichten sie oft auf oder zerbröselten, dann musste er die Sachen tagelang reparieren oder ganz neu basteln, musste verblasste Inschriften nachmalen oder Grabkreuze wieder aufrichten. Dabei durfte ihn natürlich niemand sehen, sonst wäre ja möglicherweise alles herausgekommen. Am besten hätte man die Angelegenheit also bei Dunkelheit erledigt. Das Problem war nur: Er gruselte sich selbst so sehr davor, dass keine zehn Pferde ihn bei Nacht vor die Burg hinausgebracht hätten. Nur bei strahlendem Sonnenschein wagte er sich ins Freie, um die notwendigen Reparaturen vorzunehmen.

Die Schauderburg hatte er übrigens von seinen Vorfahren geerbt, die tatsächlich ziemlich schlimme Raubritter gewesen waren. Als Letzter des Geschlechts bewohnte er sie nun allein, aber er benutzte nur einen ganz kleinen Teil davon. Die großen Rittersäle und Korridore und Treppen betrat er schon seit Jahrzehnten nicht mehr. Er hatte die Türen abgeschlossen, weil er Angst vor Gespenstern hatte.

Im Hof der Burg zog er Kartoffeln und Gemüse und davon ernährte er sich. Er selbst wohnte in einem kleinen sonnigen Gemach im Südturm, dem einzigen, der noch halbwegs instand war. In diesem Zimmer stand sein Bett, in einem offenen Kamin kochte er sich seine Mahlzeiten, meistens Gemüsesuppe, und vor allem ging er hier seiner Lieblingsbeschäftigung nach, nämlich dem Züchten von Kakteen. Vor allem die kleinen kugelförmigen liebte er, als wären sie seine Kinder. Jede einzelne hatte ihren Namen und er konnte sie stundenlang zärtlich betrachten. Er fühlte sich ihnen innerlich verwandt, weil sie so anspruchslos und unscheinbar waren, vor allem aber, weil sie die schönsten und zartesten Blüten hervorbrachten, die man sich denken kann – wenn man sie durch sorgsame Pflege dazu bringen konnte, zu blühen, was allerdings jahrelange Geduld erforderte.

Zu den Dingen, die Rodrigo Raubeins zartem Gemüt am meisten zusetzten, gehörten Blitz und Donner. Während des schrecklichen Unwetters in der vergangenen Nacht hatte er die ganze Zeit aufrecht in den Kissen seines Bettes gesessen und bleichen Angesichts sein Ende erwartet. Er hatte seine Ritterrüstung angelegt, damit er wenigstens respektabel aussähe, falls er zu seinen Ahnen gerufen werden würde. Sein dickes Federbett hatte er bis zum Kinn hochgerafft und bei jedem Blitz zog er es sich ganz über Kopf und Helm. Als das Unwetter schließlich nachließ und abzog, war er – erschöpft, aber seinem gnädigen

Schicksal dankbar – in die Kissen zurückgesunken, hatte aber keinen Schlaf finden können.

Und dann erscholl plötzlich das laute Klopfen am Burgtor. Herr Rodrigo Raubein fuhr aus seinem Dämmerzustand empor und sein schwarzer Bart sträubte sich vor Schreck. Noch nie, noch nie in all den Jahren, war es vorgekommen, dass jemand sich der Schauderburg zu nähern gewagt hätte. Und wer es zu dieser Nachtzeit und nach einem solchen Unwetter tat, konnte nur von der schlimmsten Sorte sein. Ein Überfall, das war Herrn Rodrigo klar. Er hielt sich mucksmäuschenstill, denn es war seine einzige Hoffnung, die mordlüsterne Horde dort draußen zu täuschen. Wenn er so tat, als ob's ihn nicht gäbe, dann würden sie es vielleicht glauben und unverrichteter Dinge wieder abziehen.

Den Rest der Nacht verbrachte er damit, sich zu fürchten, als aber der Morgen kam, ohne dass das schreckliche Klopfen sich wiederholt hatte, schöpfte Rodrigo Hoffnung und zugleich übermannte ihn die Neugier. Er wollte nachsehen, ob vielleicht an irgendwelchen Spuren zu erkennen war, wer ihn da hatte besuchen wollen.

Er stieg die Wendeltreppe hinunter, ging über den Hof zum Tor und schob vorsichtig den dicken Eichenbalken zurück, der als Riegel diente. Knarrend öffnete sich der Torflügel einen Spalt und er lugte mit einem Auge hinaus, konnte aber nichts sehen. Doch dann wurde die Tür plötzlich von außen ziemlich unsanft aufgedrückt und Herrn Rodrigo blieb vor Verwunderung der Mund offen.

Was da hereinspaziert kam, war ein ziemlich durchnässter kleiner Junge in einem buntscheckigen Anzug und mit fuchsrotem, zerzaustem Haar. Er ergriff des Ritters riesige Pranke, schüttelte sie kräftig und sagte mit dem ernsthaftesten Gesicht von der Welt:

»Na endlich. Ihr habt offenbar sehr gut geschlafen. Guten Morgen, Herr Raubritter Rodrigo Raubein! Ich bin ab sofort Euer neuer Knappe. Ich heiße Knirps. Und außerdem hab ich ziemlichen Hunger. Wann gibt's Frühstück?«

Danach nieste er einige Male laut und ungeniert.

»So, so«, sagte Rodrigo ziemlich verdattert. »Aha. Nanu. Wieso?«

»Ihr habt doch nicht etwa schon einen anderen Knappen?«, fragte Knirps.

»Nein«, antwortete Rodrigo, »nicht dass ich wüsste.«

»Eben«, stellte Knirps zufrieden fest, »also braucht Ihr mich.«

»Überhaupt nicht«, erwiderte Rodrigo. »Halt, hiergeblieben! Bleib stehen! Wo willst du denn hin?«

Knirps war schon an ihm vorbei in den Burghof gegangen und blickte anerkennend herum. »Hier gefällt's mir«, sagte er. »Wo ist denn mein Zimmer?«

»Hör mal, Knirps«, rief Rodrigo, »mach, dass du wegkommst, und zwar sofort! Hier ist kein Spielplatz für Kinder, nein, ganz und gar nicht.«

»Stimmt«, sagte Knirps, »gerade deswegen gefällt's mir ja hier.«

Und er nieste noch einmal.

»Könntest du vielleicht mal in eine andere Richtung niesen?«, meinte Rodrigo. »Wenn du erkältet bist, möchte ich mich nicht anstecken.«

»Macht Euch nur keine Sorgen um mich«, antwortete Knirps.

»Du solltest nach Hause gehen und Medizin nehmen«, schlug der Raubritter vor, »vielleicht bekommst du sonst Lungenentzündung.«

»Das macht mir überhaupt nichts«, erklärte Knirps und stieg die Wendeltreppe zu Herrn Rodrigos Gemach hinauf. Der Ritter hatte Mühe, ihm nachzukommen, und war schon außer Atem.

»Wer sind denn deine Eltern?«, wollte er wissen.

Knirps zuckte geringschätzig die Achseln. »Ach, die! Zu denen geh ich nicht zurück. Nie mehr.«

»Warum denn nicht?«

»Sie verstehen mich nicht. Sie sind so ehrbar und kleinkariert und eben richtige Spießer. Ich stamme nämlich aus dem Geschlecht der Grafen von Fadenzupf.«

»Nie gehört«, murmelte Rodrigo, »und was stört dich daran?«

»Immer heißt es ›Das schickt sich nicht‹ und ›Das darf man nicht‹ und ›Tu dies nicht‹ und ›Tu das nicht‹. Ich will das blöde Getue nicht mehr mitmachen. Immer brav sein ist schrecklich langweilig. Ich will lieber ein freier und überall gefürchteter Kerl sein, so wie Ihr, der Schrecken aller Reisenden und Ritter.«

»Na ja, also ...«, warf Rodrigo ein, aber Knirps redete weiter:

»Ihr seid mein großes Vorbild, Herr Rodrigo Raubein. Alle haben immer zu mir gesagt: Wenn du so weitermachst, dann kannst du nur noch Raubritter werden. Und das werd ich eben jetzt.«

»Nun, das ist aber nicht so einfach«, versuchte Rodrigo zu widersprechen.

»Das weiß ich«, antwortete Knirps, »aber ich hab's nun mal beschlossen, und daran ist nichts mehr zu ändern, weil ich nämlich einen enormen Dickkopf habe. Darf ich übrigens gleich ›du‹ und ›Onkel Roddi‹ zu dir sagen?«

»Nein«, schnaubte der Ritter, »auf keinen Fall!«

»Gut, Onkel Roddi«, fuhr Knirps ungerührt fort, »dann sind wir uns ja einig. Ich bin da und bleibe da. Jetzt bin ich Knirps, dein Knappe.«

Inzwischen waren sie in Rodrigos Turmzimmer angekommen. Knirps ging sofort auf die Kakteen am Fensterbrett zu.

»Was sind denn das für komische Knollen?«

Er tippte eine mit dem Finger an.

»Aua!«, sagte er und warf aus Versehen den Topf um, der in Scherben ging.

Jetzt nahm Rodrigo Raubein seine ganze Kraft zusammen. Er blies seinen gewaltigen Brustkorb auf und brüllte: »Das war Tusnelda, die Zarteste von allen! Mach, dass du rauskommst! Ich kann dich hier nicht brauchen! Und meine Kakteen rührst du nicht mehr an, verstanden!«

»Schon gut«, meinte Knirps begütigend, »reg dich nicht auf, Onkel Roddi, bloß weil ich mich ein bisschen gepikt habe. Das macht mir doch nichts.«

»Aber mir!«, schnaubte Rodrigo mit rollenden Augen. »Und wenn du jetzt nicht auf der Stelle verschwindest, Bürschchen, dann schmeiße ich dich eigenhändig raus!«

Er packte Knirps, um seine Worte in die Tat umzusetzen, hielt aber plötzlich inne und machte ein bestürztes Gesicht.

»Du bist ja ganz heiß, Kind«, sagte er, »tatsächlich, du hast Fieber! Du musst dich ganz schrecklich erkältet haben heute Nacht.« Er legte ihm die Hand auf die Stirn. »Ja, kein Zweifel. Zeig mal die Zunge!«

Knirps streckte die Zunge heraus.

»Du bist krank«, stellte Rodrigo fest, »und zwar sehr. Du musst sofort ins Bett. Mit so was ist nicht zu spaßen.«

»Ich geh aber nicht ins Bett.«

»Doch, und zwar gleich.«

»Nein.«

»Das werden wir ja sehen.«

»Ich will nicht und ich tu's nicht!«

»Ein Knappe muss seinem Ritter auf jeden Fall gehorchen, ganz gleich, was ihm befohlen wird. Wenn ich sage ›Spring aus dem Fenster‹, dann springst du aus dem Fenster. Wenn ich sage ›Geh ins Bett‹, dann gehst du ins Bett, verstanden?«

Knirps blickte zweifelnd zu Rodrigo auf. »Ist das wirklich wahr, oder sagst du das nur so, um mich rumzukriegen?«

»Das ist wahr, bei meiner Raubritterehre! Wenn du nicht gehorchen willst, dann kannst du kein Knappe werden.«

»Und wenn ich's tu, bin ich dann dein Knappe?«

»N... ja gut, meinetwegen«, sagte Rodrigo.

Wortlos zog Knirps seine nassen Sachen aus. Rodrigo machte das Bett und Knirps schlüpfte hinein. Er ließ sich sogar einen kalten Halswickel machen und schlürfte ohne Widerrede den Kamillentee mit Honig, den der Raubritter für ihn zubereitete.

In den nächsten Nächten schlief Rodrigo Raubein sitzend in seinem alten Ohrenbackensessel. Das war nicht besonders bequem, aber es war ja nur für kurze Zeit, sagte er sich. Sobald der Junge wieder auf den Beinen wäre, würde er ihn schon irgendwie loswerden.

Tagsüber erzählten sie sich von ihren Abenteuern, die sie angeblich bestanden hatten, und dabei logen sie sich gegenseitig an, dass sich die altersschwachen Balken in der Turmstube bogen. Erst erzählte Knirps von allen möglichen Streichen und Übeltaten, die er in Wirklichkeit natürlich nie begangen hatte. Er wollte bloß zeigen, dass in ihm das Zeug zu einem richtigen, gewissenlosen Raubritter steckte.

Nach und nach kam auch Rodrigo in Fahrt und erfand die tollsten Geschichten, in denen er selbst immer die großartigste und furchterregendste Figur abgab. Er erzählte von wagemutigen Raubüberfällen auf fürstliche Kutschen, bei denen er ganz allein ein Fähnlein Ritter besiegt hatte; von Einbrüchen in königliche Schatzkammern, bei denen ihm Säcke voll Gold und Diamanten in die Hände gefallen waren; von Turnieren, bei denen er drei der gefährlichsten Gegner auf seine Lanze gespießt hatte wie Bratwürstchen; von einem Kartenspiel, bei dem es ihm gelungen war, den Teufel höchstpersönlich zu überlisten; von einem wilden Ritt auf einem Seeungeheuer, das er gezähmt hatte, und von fabelhaften Saufgelagen mit drei Eisriesen, die am Nordpol wohnten und die er alle drei unter den Tisch getrunken und dann bis aufs Hemd ausgeplündert hatte.

Knirps hörte zu und konnte gar nicht genug bekommen. Seine Augen glänzten und seine Ohren glühten, und das nicht vom Fieber (das schon längst vorbei war), sondern vor Begeisterung. Immer wieder sagte er: »Onkel Roddi, du bist wirklich der Größte. So wie du will ich auch mal werden.«

Rodrigo Raubein tat die Bewunderung seines jungen Gastes sichtlich gut. Er blühte ordentlich auf bei seinen Flunkereien. Dieser Knirps wurde ihm immer sympathischer.

Wirklich ein netter kleiner Kerl, dachte er bei sich, zu schade, aber ich muss ihn trotzdem so bald wie möglich loswerden, sonst entdeckt er noch meine Gipswerkstatt, und dann erzählt er's womöglich überall herum und mit meinem schlechten Ruf ist es endgültig vorbei.

Die Sache mit dem Loswerden war allerdings leichter gesagt als getan. Auf jeden Fall aber schloss er die Tür zur besagten Werkstatt sorgfältig ab und trug den Schlüssel Tag und Nacht bei sich. Als Knirps nach einigen Tagen wieder ganz gesund war, gab er ihm die Schlüssel zu allen anderen Türen der Burg, damit er sich umsehen konnte. Der Bund war so groß und schwer, dass Knirps ihn nur mit Mühe schleppen konnte. Trotzdem gelang es ihm, eine verschlossene Tür nach der anderen zu öffnen. So inspizierte er nun die Säle und Gemächer, in denen der Staub fingerdick lag und Spinnweben zwischen den Möbeln hingen, wanderte durch die langen Galerien und Korridore mit ihren halb vermoderten Wandteppichen und Ahnenbildern, auf denen kaum noch etwas zu sehen war. Natürlich öffnete er auch alle Schränke und Truhen und untersuchte deren Inhalt. Und schließlich geriet er in die ehemalige Waffenkammer.

Hier lagen und standen in Gestellen die Wände entlang zahllose Kettenhemden, Helme, Armschienen, Beinschienen, Schilde, Schwerter, stachelige Keulen, Hellebarden, Spieße, Turnierlanzen, Dolche, Panzerhandschuhe und was eben sonst noch alles zur Ausrüstung von Raubrittern gehörte.

Knirps fühlte sein Herz höher schlagen. Da der Raum keine Fenster hatte, holte er sich eine Fackel und unterzog dieses ganze Arsenal einer gründlichen Musterung. Viele von den Sachen waren schon viel zu verrostet, als dass man sie noch hätte brauchen können, aber schließlich fand er doch eine komplette Rüstung samt Schwert und Schild, die noch gut instand und in der Größe gerade richtig für ihn war. Man musste sie nur mal ordentlich putzen und einölen. Er zwängte sich in das Eisenkleid hinein, setzte sich den Helm auf, gürtete sich das Schwert um, hängte sich den Schild über den Arm und marschierte klirrend durch die Säle und Gänge zurück, die Wendeltreppe hinauf und in das Turmzimmer, wo Rodrigo Raubein gerade mit seinen Kakteen beschäftigt war.

Der Raubritter schnappte zuerst nach Luft vor Schreck, denn Knirps hatte das Visier des Helms heruntergeklappt, sodass er ihn nicht erkannte.

»Onkel Roddi«, sagte Knirps und es klang etwas blechern, »schau mal, was ich gefunden hab.«

»Ach, du bist es!«, seufzte Rodrigo erleichtert, der schon geglaubt hatte, bei helllichtem Tag ein Gespenst zu sehen.

»Das gehört jetzt mir«, erklärte Knirps mit Bestimmtheit und klappte das Visier hoch.

In diesem Augenblick hatte Rodrigo Raubein eine Idee, wie er es fertigbringen könnte, den Jungen wieder nach Hause zu schicken.

»Nein«, sagte er, »dazu müsstest du erst Ritter werden. Aber du hast noch nicht einmal deine Knappenprüfung abgelegt.«

»Knappenprüfung?«, fragte Knirps. »Was ist denn das?«

Rodrigo setzte sich auf seinen Lehnstuhl und erklärte: »Wenn du wirklich Raubritterknappe werden willst, dann musst du erst mal beweisen, dass du dazu finster entschlossen bist.«

»Bin ich doch«, sagte Knirps und versuchte finster auszusehen.

»Nun, das kann jeder sagen«, meinte Rodrigo, »aber du musst eine Probe ablegen, dass du vor nichts Angst hast und vor keiner Untat zurückschreckst. Du müsstest ganz allein und ohne fremde Hilfe ein möglichst gefährliches Verbrechen begehen – und das willst du doch bestimmt nicht.«

»Doch«, antwortete Knirps, »wird gemacht. Was soll ich zum Beispiel tun?«

Rodrigo kratzte sich hinterm Ohr. »Das kann ich dir nicht sagen, das müsstest du schon selber herausfinden. Darin besteht ja gerade die Probe. Du siehst also, es ist sehr schwer, viel zu schwer für einen wie dich. Also hör auf meinen Rat und lass es sein.«

Knirps legte schweigend die Rüstung ab, auch Schwert und Schild. Rodrigo nickte erfreut, weil er schon glaubte, sein Ziel erreicht zu haben.

»Ich geh sofort los«, sagte Knirps entschlossen.

»Moment mal, mein Junge«, stotterte Rodrigo verwirrt, »was heißt das? Wohin willst du gehen?«

»Na, die Probe bestehen, wie du gesagt hast, Onkel Roddi.«

»Aber –« Rodrigo sah plötzlich ganz unglücklich aus. »Aber das meinst du doch nicht im Ernst. So was ist schließlich kein Sonntagsspaziergang.«

»Hoffentlich nicht«, antwortete Knirps, »und die Sachen da bleiben inzwischen hier, bis ich wiederkomme. Niemand anderer kriegt sie. Versprichst du mir das?«

»Nun ja ...«, brachte Rodrigo heraus, »falls du dir's nicht doch noch unterwegs anders überlegst.« Er verwünschte sich innerlich wegen seines Einfalls. Dieser Knabe war offenbar durch nichts zu entmutigen.

»Du wirst stolz auf mich sein, Onkel Roddi«, versicherte Knirps und gab dem Ritter die Hand. »Also auf Wiedersehen. Bis bald!«

Rodrigo schaute bekümmert in das sommersprossige Gesicht und schluckte ein-, zweimal, ehe er stammelte: »Wie denn? – Was denn? – Du willst einfach so losziehen? Jetzt gleich?«

»Je eher ich anfange«, antwortete Knirps, »desto eher bin ich zurück.«

Rodrigo wusste nicht mehr, was er sagen sollte. Er wühlte nur stumm in seinem struppigen schwarzen Bart herum.

Sie gingen zusammen zum Tor hinunter. Der Ritter öffnete es und ließ Knirps hinaus.

»Hör mal«, sagte er mit belegter Stimme, »ich hätte das vielleicht nicht erwähnen sollen, ich meine, die Probe und das alles. Wenn du es sein lässt, dann schenke ich dir die Rüstung. Was hältst du davon?«

Knirps schüttelte den Kopf. »Das gilt nicht, Onkel Roddi. Ich will ein wirklicher Raubritter werden. So einer wie du.«

»Knirps«, sagte Rodrigo, »also ich muss schon sagen, du bist ein ziemlich ungewöhnlicher Bursche.«

»Ich weiß«, antwortete Knirps und warf sich in die Brust, »mach dir nur keine Sorgen um mich.«

Er winkte zum Abschied, wandte sich um und ging über den geschlängelten Felsenpfad den Haarzuberg hinunter, ohne sich noch einmal umzudrehen. Wenn er dabei links und rechts geguckt hätte, so wäre ihm vielleicht aufgefallen, dass viele von den Totenschädeln ein bisschen aufgeweicht aussahen, denn Rodrigo Raubein war ja inzwischen nicht dazu gekommen, sie zu reparieren. Aber Knirps war viel zu sehr in Gedanken an seine Raubritterknappenprüfung vertieft.

Rodrigo Raubein sah dem Jungen nach, bis sein kunterbuntes Flickenkleid zwischen den Felsen verschwunden war. Dann seufzte er tief.

»Na ja«, murmelte er vor sich hin, »jedenfalls bin ich ihn jetzt los. Das ist die Hauptsache. Ich bin froh.«

Aber er sah keineswegs froh aus, als er in die Schauderburg zurückging und das Tor hinter sich schloss.

Viertes Kapitel

in welchem die Schauderburg abermals belagert wird und Rodrigo Raubein wohl oder übel in die Welt hinauszieht

Im ersten Licht eines frühen Donnerstagmorgens machten sich Papa und Mama Dick auf die Suche nach ihrem störrischen Sohn Knirps. Ihren Wagen, das Haus auf vier Rädern mit den bunt bemalten Wänden und der beidseitigen Aufschrift *Papa Dicks Puppentheater*, ließen sie auf dem schlechten Weg am Rande des Bangewalds stehen. Die Esel Dolly und Willy und Ully durften auf der Grasnarbe zwischen den Spurrillen des Weges weiden.

Im Sonnenlicht sah dieser Weg um einiges freundlicher aus als in kohlpechrabendusterer Nacht, bei pfeifendem Sturmwind, trommelndem Regen, zuckenden Blitzen und grollendem Donner. Da und dort zwinkerte das Sonnenlicht sogar in den

Pfützen, so als wäre die vorangegangene Nacht nur ein kleiner Scherz des Wetters gewesen und das Verschwinden von Knirps bloß ein böser Traum.

Aber Knirps hatte auch am Morgen nicht in seinem schmalen Etagenbett über dem breiten Ehebett der Dicks gelegen, und der Bangewald wirkte auch im frischen Sonnenlicht eines frühen Donnerstagmorgens kaum weniger finster als in einer sturmumtosten Mittwochnacht.

Papa und Mama Dick wagten sich deshalb auch nicht allzu tief in den Wald hinein. Aus Angst, im dicksten Dickicht verloren zu gehen, über eine Wurzel, einen Waldgeist oder, am allerschlimmsten, über den Raubritter Rodrigo Raubein zu stolpern, behielten sie Weg und Wagen stets im Blick. Genau genommen wagten sie sich gar nicht über den Waldrand hinaus, dafür riefen sie umso lauter.

»Knirps!«, riefen sie. »Junge!«, riefen sie. »Bübchen!« Und außerdem riefen sie – je nachdem, wer rief oder gerade seine Stimme schonte – wüste Drohungen oder leere Versprechen in den Wald hinein. Papa Dick drohte mit Backpfeifen, wenn Knirps nicht jetzt sofort und auf der Stelle erschiene. Mama Dick versprach ihm erst Pfannkuchen und dann ein eigenes Pferd, wenn er sich doch nur endlich blicken ließe.

Aus dem Wald zurück schallte jedes Mal nichts. Nichts am Donnerstag, nichts am Freitag und auch nichts am Samstag. Wenn das Rufen von Mama und Papa Dick überhaupt etwas zur Folge hatte, dann dass die Sumpfdruden, Wurzelgnome und Kobolde im Bangewald jeden Morgen aufs Neue stöhnten, weil das lästige Rufen jeden Morgen aufs Neue begann.

Selbstredend hörte auch Sokrates, der Papagei, Papa und Mama Dicks Rufen. Mal hörte er es aus der Nähe und mal von fern – je nachdem, welchen Teil des Bangewalds er gerade überflog. Er war nur ein kleiner Papagei, nicht mehr ganz jung und es überdies gewohnt, auf der Gardinenstange eines Puppentheaters zu reisen statt mithilfe seiner Flügel, doch legte er eine beträchtliche Ausdauer an den Tag – und zwar sowohl am Donnerstag als auch am Freitag. Erst am Samstag, nach einer kurzen, ungemütlichen Nacht in einer zugigen Buche, gestand er sich ein, dass er Knirps allein mithilfe seiner Flügel nicht finden würde.

»Sokrates muss seinen Kopf gebrauchen«, sagte er sich, und als er das sagte, traf ihn ein morgendlicher Sonnenstrahl und ließ sein buntes Gefieder leuchten. Für einen Augenblick sah es wirklich so aus, als hätte der Papagei wie ein berühmter Clown die düstere Manege des Bangewalds betreten, um etwas Glanz in die trüben Zirkusnummern der Sumpfdruden, Wurzelgnome und Kobolde zu bringen.

Sokrates ließ keine weitere Minute unnütz verstreichen. Er war nicht nur ein außerordentlich nüchtern veranlagter Vogel, er war auch ein Vogel der Tat. Und so schwang er sich über die Wipfel des Bangewalds, ohne noch ein einziges Mal durch das dichte Laubdach zu spähen. Er hielt nicht länger nach Knirps' buntscheckigem Anzug Ausschau und auch nicht nach seinem leuchtend roten Haar. Er hatte einen Plan – und um den auszuführen, musste er zunächst zum Puppentheater auf der Straße am Rande des Bangewalds zurück.

Den Weg zu finden, war nicht schwer. Sokrates musste ja nur den zunehmend heiseren Rufen von Papa und Mama Dick folgen, die diesen Samstag so begonnen hatten wie den Freitag und den Donnerstag zuvor. Denn alles so zu belassen, wie es war, das konnten Papa und Mama Dick am besten. Niemals wichen sie einen Schritt vom Weg, den sie einmal eingeschlagen hatten. Und so waren sie auch Puppenspieler geworden – sie waren einfach dem ausgetretenen Pfad von Großmutter und Großvater Dick gefolgt und Puppenspieler geworden, weil die Dicks nun einmal Puppenspieler waren. Sokrates ahnte seit Langem, dass so wenig Fantasie und so viel Beharrungsvermögen nicht die besten Voraussetzungen für Papa Dicks Puppentheater waren. Die Puppenspiele von Papa Dick waren jedenfalls die langweiligsten, die er jemals gesehen hatte.

Der Papagei ließ die beiden am Wegesrand stehen und rufen. Er flog über ihre Köpfe hinweg und stracks in den Puppenwagen hinein und der Luftzug seiner Schwingen ließ die Marionetten tanzen. Ein Zauberer, der von der Decke baumelte, stieß sich an seinem Nachbarn, einem Drachen. Und an dem Gestell gleich neben Sokrates' Gardinenstange stupste eine Prinzessin einen König an, der müde in den Seilen hing.

An diesem Samstagmorgen nahm Sokrates nicht seinen gewohnten Platz auf der Gardinenstange ein. Stattdessen landete er auf dem Esstisch darunter und zog unter Zuhilfenahme seines Papageienschnabels das uralte Geschichtenbuch von einem Bord – ebenjenes uralte Buch, dem Papa Dick die Geschichten für seine Puppenspiele entnahm, ohne je wirklich etwas mit ihnen anfangen zu können. Das Buch knallte auf die Tischplatte, als hätte jemand auf eine Pauke gehauen. Und als der Staub sich endlich legte, tauchte Sokrates blätternd wieder auf.

Seite um Seite wendete er mit seinem scharfen Schnabel. Zeile um Zeile überflog sein scharfer Papageienblick. Wenn er Knirps schon nicht im Bangewald finden konnte, dachte er sich, konnte er ihn vielleicht in diesem Geschichtenbuch entdecken. Denn auch wenn der furchtlose, störrische Bengel gewiss etwas Besonderes war – der erste Junge, der in die Welt hinausgezogen war, um sein Glück zu suchen, war Knirps doch ganz bestimmt nicht! Es musste einfach Geschichten geben, die von Bengeln wie ihm erzählten – und Sokrates so einen Hinweis gaben, wie Knirps' Geschichte weiterging. Und wenn er diesen Hinweis erst gefunden hätte – so dachte es sich der schlaue Papagei, der ein großer Freund von vorausschauendem Denken war –, dann könnte er Knirps vielleicht an der nächsten Station seines Weges abpassen.

Sollte Knirps doch im ersten Kapitel seiner Geschichte verschwinden! Sollte er doch in einem zweiten und vielleicht sogar einem dritten Kapitel unerkannt das Weite suchen! Spätestens im vierten Kapitel wäre Sokrates dann wieder da und würde Knirps an der entscheidenden Wegkreuzung abpassen – und zwar weil er den Gang der Geschichte richtig vorhergesehen und die paar Kapitel dazwischen einfach übersprungen hatte! Immerhin konnte Knirps' Vorsprung nach drei langen Tagen schon beträchtlich sein.

Sokrates blätterte immer wilder. Er hatte alle Theaterstücke, die er je gesehen hatte, im Kopf, aber er hatte nicht geahnt, wie viele Stoffe es noch gab, die es nie auf das Theater geschafft hatten. Er kannte Hunderte, aber das Buch verzeichnete Aberhunderte mehr. Die Hälfte davon konnte Sokrates allerdings nicht gebrauchen: Statt davon, wie plötzlich jemand loszog, erzählten sie davon, wie plötzlich jemand kam.

Doch schon die Hälfte, die er brauchen konnte, enthielt eine verwirrende Vielzahl von Möglichkeiten. Sokrates schwirrte bald der Kopf. Da gab es Knirpse, die einer guten Fee begegneten und drei Wünsche frei hatten, von denen sie schon der erste forttrug ans andere Ende der Welt. Da gab es Knirpse, die zum Teufel in die Hölle hinabstiegen – was Sokrates seinem Knirps durchaus zugetraut hätte; was er jedoch ausschloss, weil ihm das Tor zur Hölle nicht ausgerechnet im Bangewald zu sein schien. Andere Jungen erstiegen einen Berg und gerieten in die Höhle eines Riesen, wieder andere suchten einen Kelch, einen magischen Brunnen oder ein verwunschenes Schloss mit einer schlafenden Prinzessin darin. Und nicht gerade wenige, so fiel es Sokrates auf, suchten sich, bevor sie zu ihrem Kelch, ihrem Brunnen oder ihrer schlafenden Prinzessin aufbrachen, erst einmal einen Ritter, um dessen Knappe zu werden.

Und das schien auf Knirps – so jung, wie er war – zu passen! Sokrates, so lange über das Geschichtenbuch gebeugt, richtete sich auf. Er musste jetzt scharf nachdenken!

Hatte Mama Dick nicht unablässig, wenngleich hinter vorgehaltener Hand, von einem Raubritter namens Rodrigo Raubein gesprochen, der hier im Bangewald hauste? Und hatte er, Sokrates, auf seiner Suche nicht in der Ferne ein paar schiefe Türme auf einer Bergspitze gesehen?

Passte da nicht eines zum anderen – auch wenn der Ritter kein edler Ritter, sondern ein Raubritter war? Knirps, dachte sich Sokrates, würde es so genau nicht nehmen. Anders als seine Eltern, die nie etwas anders machten, machte Knirps ja grundsätzlich alles etwas anders. Ein Raubritter kam ihm da wahrscheinlich gerade recht!

Sokrates' Entschluss stand fest. Er ließ das Geschichtenbuch auf dem Tisch liegen – er würde es noch brauchen. Und dann flog er zu Papa und Mama Dick hinaus, um das Kommando zu übernehmen. Papa Dicks Puppentheater würde zum Raubritter Rodrigo Raubein ziehen!

Und so kam es, denn Sokrates, der Papagei, konnte sehr überzeugend sein. Die Esel Dolly, Willy und Ully wurden angeschirrt, Papa und Mama Dick kletterten seufzend auf den Kutschbock, und Sokrates hockte sich zufrieden auf den blechernen Schornstein, der aus dem spitzen Dach des Puppenwagens ragte. Wie eine bunte Fahne sah er dort oben aus.

»Hühott!«, rief er schließlich.

Doch nichts geschah. Die Esel Dolly, Willy und Ully ließen die Köpfe hängen, als wären sie schon wieder eingeschlafen. Und Papa und Mama Dick? Man wusste nicht, ob sie überhaupt auf dem Kutschbock saßen. Hatten sie mit knisterndem Mantel und raschelndem Rock klammheimlich das Weite gesucht, nur um nicht dem Raubritter Rodrigo Raubein begegnen zu müssen? Sokrates konnte es nicht wissen, denn von seinem blechernen Ausguck konnte er den Kutschbock nicht sehen.

»Hühott!«, rief er noch einmal. »Herrgott! Hühott! Hört ihr Sokrates denn nicht?«

Vor dem Wagen zuckte einer der Esel mit dem Ohr, als wollte er eine lästige Fliege verscheuchen.

In Sokrates stieg eine leuchtend rote Papageienwut auf. Sie würden in den Bangewald ziehen! Wie und warum hatte er soeben ausführlich erklärt und weder Mama noch Papa Dick hatten seinem Plan widersprochen. Stattdessen hatten sie ihn mit großen Augen angesehen und atemlos genickt. Wieso also fuhren sie jetzt nicht los?

»Ephraim Emanuel Dick!«, krächzte Sokrates auf seiner Schornsteinspitze. »Bist du auf einmal taub geworden?«

Wie ihr ganz richtig vermutet, hatten die Dicks nicht das Weite gesucht. Sie waren nur so starr vor Angst, dass Papa Dick kaum den Mund aufmachen konnte. »Ich kann dich hören, Sokrates«, hauchte er schließlich und ein mitleidiger Wind wehte sein bebendes Stimmchen zu Sokrates hinauf. »Ich weiß nur nicht, ob es wirklich eine gute Idee ist, zum Raubritter Rodrigo Raubein in den Bangewald zu fahren. Vielleicht warten wir lieber noch ein bisschen. Knirps könnte jeden Augenblick ...«

Mit einem Flügelzucken schlug Sokrates den Rest von Papa Dicks Rede in den Wind. Sie war so vorhersehbar wie seine Puppenspiele. »Wir warten bereits seit drei Tagen, Ephraim Emanuel Dick!«, krächzte er. »Und mit jeder Stunde, die wir hier rumstehen, wird Knirps' Vorsprung größer. Wollt ihr euren Sohn nun zurück oder nicht?«

»Natürlich wollen wir das!«, rief Mama Dick vom Kutschbock.

»Natürlich wollen wir das!«, rief Papa Dick. »Nur wissen wir doch gar nicht, ob er wirklich bei diesem Raubritter steckt. Welcher kleine Junge würde denn freiwillig zu einem Raubritter ziehen?«

»Knirps, zum Donnerwetter!«, krächzte Sokrates auf seinem Schornstein. »Knirps würde freiwillig zu einem Raubritter ziehen! Kennt ihr euren eigenen Sohn denn nicht?«

Unten auf dem Kutschbock wurde es still. Nichts als Ratlosigkeit wehte noch zu Sokrates hinauf. Denn Papa und Mama Dick kannten ihren Sohn ja wirklich nicht. Knirps und die Dicks waren einfach zu verschieden. Knirps fürchtete sich vor nichts und Papa und Mama Dick fürchteten fast alles. Knirps wollte, dass sich alles veränderte, und die Dicks wollten, dass alles so blieb.

»Hühott?«, krächzte Sokrates, als er glaubte, dass die Dicks nun lange genug nachgedacht hätten.

»Hühott«, murmelten Mama und Papa Dick, denn auch wenn er so ganz anders war als sie, liebten sie ihren Sohn.

Papa Dicks Puppentheater rumpelte über immer schlechtere Wege. Es holperte über immer dickere Wurzelstrünke an immer größeren, immer knorrigeren Bäumen vorbei, und wenn ein besonders grimmiger von ihnen die krummen Arme nach Sokrates ausstreckte, wurde sogar dem nüchternen Vogel mulmig. Tausend Augen sahen ihnen nach, während sie immer tiefer in den Bangewald eindrangen, und abertausend Tropfen trommelten einen schaurigen Takt, denn nach dem Unwetter, in dem Knirps verschwunden war, war der Bangewald immer noch nassgeregnet. Dann und wann glaubte Sokrates sogar einen verschnupften Wurzelgnom niesen oder einen verkühlten Sumpfdruden husten zu hören, doch niemand behelligte Papa Dicks Puppentheater. Sogar der große Bär, den Sokrates im dicksten Dickicht erspähte, ließ sie in Frieden. Kaum hatte er den Puppenwagen bemerkt, verbarg er sich ängstlich hinter einem riesigen Pilz.

»Links!«, oder »Rechts!«, krächzte Sokrates auf seinem Schornstein, sobald sich, was selten genug vorkam, die Waldwege kreuzten, und so hielt Papa Dicks Puppentheater unbeirrt auf den Haarzuberg zu, bis hoch oben auf dem schwarzen Felsen die fünf schiefen Türme der Schauderburg erschienen. Wie ihr wisst, aber weder Sokrates noch die Dicks wussten, war nur noch ein einziger von ihnen bewohnt.

Papa Dicks Puppentheater kam knirschend zum Stehen. Vielleicht wollten die Esel nicht weiter. Vielleicht aber verließ die Dicks auch einfach der Mut. Sokrates hätte es verstanden. Der Papagei blinzelte den steilen Pfad hinauf, der sich an den Felsnadeln vorbei zum Burgtor wand. Bisher hatte er die Schauderburg nur aus der Ferne gesehen. Aus der Nähe sahen die schwarzen Mauern und hohlen Fenster noch tausendmal schauderhafter aus.

Hier, dachte Sokrates, sollte Knirps bei Nacht und Finsternis, in prasselndem Regen und heulendem Wind mutterseelenallein hinaufgestiegen sein? War das eine wahrscheinliche Wendung der Geschichte? Aber Geschichten mussten nicht immer wahrscheinlich sein. Wenn Sokrates es recht bedachte, waren viele gute Geschichten sogar ziemlich unwahrscheinlich. Stimmungsvoll hingegen waren sie sehr wohl, weshalb es ihm auf einmal schien, als könne ein Junge wie Knirps einen Pfad wie diesen

überhaupt nur allein und in einer sturmumtosten Nacht besteigen. So und nicht anders würde Knirps' Geschichte im uralten Geschichtenbuch stehen.

»Worauf wartet ihr?«, krächzte Sokrates also. Papa Dicks Puppentheater rollte bergan und im Puppenwagen schwangen die Marionetten.

Wenn Sokrates nun nach rechts sah, fiel sein Blick in eine bodenlose Schlucht, in die der Puppenwagen jederzeit hinabstürzen konnte. Sah er nach links, fiel sein Blick auf zahllose Gräber. Am Wegesrand reihte sich ein Kreuz ans nächste, und weil der Pfad so steil war und der Wagen so langsam, hatte Sokrates Zeit, jede einzelne Grabinschrift zu lesen.

Hier liegt begraben Ritter Bogumil Drohmir, las er.

Hier ruhen die mühsam eingesammelten Gebeine des Riesen Untam Menuwel, las er. Und gleich darauf rumpelten sie an den spärlichen Überresten der dreizehnköpfigen Berserker-Bande und des vierzehnköpfigen Lindwurms Lassmich vorbei. Zwölf Häupter, so stand es auf der Grabplatte, schlug ihm Rodrigo Raubein gleich nach dem Frühstück ab und die restlichen zwei noch vor dem Mittagessen.

Die Dicks auf dem Kutschbock jammerten nun ohne Unterlass und Sokrates auf dem Dach standen die Federn zu Berge. Noch nie hatte er so schaurige Geschichten gelesen wie auf diesen Grabsteinen. Tatsächlich kam es ihm vor, als rumpele er nicht über einen Gebirgspfad, sondern als blätterte er in einem Buch. War dieser Rodrigo Raubein, dachte der geschichtenkundige Papagei, womöglich ein geschichtenkundiger Raubritter?

»Oh! Ah! Wie schaurig! Wie schrecklich!«, riefen die Dicks, als der Puppenwagen ein ganzes Spalier aus menschlichen Gerippen passierte. Die Skelette waren mit verrosteten Ketten an die Felswand geschmiedet und über den Totenschädeln trugen sie Helme. Die Dicks auf dem Kutschbock mussten sich abwenden, so grauenvoll war dieser Anblick. Sokrates allerdings sah umso genauer hin. Er mochte sich täuschen, aber die Gerippe an ihren Ketten kamen ihm wie Marionetten an ganz besonderen Schnüren vor. Als Papa Dicks Puppentheater auf die Zugbrücke rollte, ordnete der Papagei nachdenklich sein Gefieder. Sie hatten das mächtige Burgtor erreicht. Natürlich war es verschlossen. Dafür knackten die Bohlen der Zugbrücke, als würden sie jeden Augenblick zerbrechen.

»Und jetzt?« Papa Dicks dünnes Stimmchen wehte zu Sokrates hinauf.

»Jetzt musst du anklopfen, Ephraim Emanuel Dick«, sagte der Papagei. »Ich kann es ja schlecht machen. Klopfende Flügel hört man nicht.«

Papa Dick wankte auf Puddingknien über das morsche Holz der Zugbrücke, sprang ungelenk über eine fehlende Planke und wäre, kaum dass er den Türklopfer in Gestalt einer Teufelsfratze entdeckte, beinahe in Ohnmacht gefallen.

»Nun mach schon!«, krähte Sokrates auf seinem Ausguck. »Ich nehme doch an, wir werden erwartet.«

Papa Dick klopfte so leise, wie man mit einem Eisenring klopfen kann, und als das Klopfen gespenstisch im Burghof widerhallte, war er der Ohnmacht noch näher als zuvor.

Keine Antwort war zu hören. Niemand kam.

»Knirps?«, rief Mama Dick vom Kutschbock, aber sie rief es so leise, dass es allenfalls Sokrates auf dem blechernen Schornstein hören konnte.

Hatte auch Knirps hier gestanden und vergeblich auf Einlass gepocht?, fragte sich der Papagei. Wie war die Geschichte weitergegangen und wie würde sie jetzt weitergehen? Was Knirps vor dem verschlossenen Tor getan hatte, war ihm nicht klar. Was er selbst zu tun hatte, war hingegen offensichtlich. Wenn er schon Flügel hatte, konnte er sie ebenso gut benutzen.

»Wartet hier auf mich!«, krächzte Sokrates den Dicks zu und dann flatterte er ohne große Umstände über das Tor.

»Knirps?«, rief Sokrates, während sein Blick von hoch oben auf Rodrigo Raubeins Gemüsebeete im Innenhof fiel. Der Papagei traute seinen Augen nicht. Von einem Raubritter, der in seiner Raubritterburg Kartoffeln zog, stand nichts im uralten Geschichtenbuch.

»Knirps?«, rief Sokrates wieder und landete, weil keine Antwort kam, mitten in Rodrigo Raubeins Bohnen. Sein scharfer Papageienblick wanderte von Turm zu Turm. Die meisten sahen ziemlich baufällig aus, nur der Südturm wirkte noch halbwegs wohnlich. »Edler Ritter?«, versuchte es Sokrates jetzt. »Herr von Raubein zur Schauderburg auf dem Haarzuberg?«

Eine Antwort kam nicht, dafür hörte der Papagei es in einem alten Stall unweit des Gemüsebeets klappern. Sokrates befreite sich aus den Bohnenranken und watschelte hin. Das Stalltor stand zum Glück einen Spaltbreit offen. »Ritter Raubein?«, rief Sokrates abermals. Es klapperte wieder und diesmal knirschte es dazu. So als würde man mit einer Zange ein Stück Blech verbiegen.

Sokrates folgte dem Geräusch in den Stall, in dem schon lange keine Streitrösser mehr standen. Stattdessen war der Stall zu einer Werkstatt umgebaut. Auf einem langen Tisch stapelten sich bleiche Totenköpfe und Gerippe und gleich daneben standen ein kleiner Zuber mit Wasser sowie ein angebrochener Sack Gips.

Sokrates flatterte auf den Tisch und bohrte seinen scharfen Schnabel in eine noch feuchte, weiche Schädeldecke. Sie war aus Gips. Keiner der Knochen auf dem Tisch war echt. Und wenn keiner der Knochen auf dem Tisch echt war, schloss Sokrates, dann waren auch die Totenschädel und Skelette auf dem Felsenpfad nicht echt gewesen. Und wenn die Totenschädel und Skelette auf dem Felsenpfad nicht echt gewesen waren, dann waren auch die Grabinschriften dort erfunden. Und wenn die Grabinschriften dort erfunden waren, dann war der Raubritter Rodrigo Raubein erstens ein ziemlich guter Geschichtenerzähler und zweitens ziemlich ungefährlich.

Sokrates hob den gipsverschmierten Schnabel. Sein scharfes Papageienauge richtete sich nun auf einen großen, herrschaftlichen Schrank. »Wollt Ihr nicht hervorkommen, Ritter Raubein?«, krächzte er, denn es war ihm nicht entgangen, dass das leise Knirschen und Klappern aus ebendiesem Schrank gekommen war.

Es klapperte abermals, erst dann kam die Antwort. »Lieber nicht«, ertönte eine Stimme aus dem Schrank. »Aber wenn es nicht anders geht ...«

Die Schranktüren schwangen auf, und drinnen, zwischen allerlei Kellen und anderem Werkzeug, sah Sokrates den Rodrigo Raubein hocken, mit vom Gips weißen Händen und einem eilig übergestülpten Helm. »Wer bist denn du?«, sagte er, offenkundig erleichtert, dass der ungebetene Besucher kein schwertschwingender Ritter, sondern ein bunt gefiederter Vogel war.

Sokrates warf sich in die Brust und stellte sich vor: »Sokrates ist der Name und ich bin auf der Suche nach Knirps. Ich nehme an, dass er sich Euch als Knappe angedient hat. Könnte das sein?«

Vor lauter Überraschung sank Rodrigo Raubein, der eben aus seinem Versteck hatte klettern wollen, klappernd in den Schrank zurück. »Woher weißt du das?«, fragte er, plötzlich so bleich im Gesicht, als hätte er ein Gespenst gesehen.

»Man könnte sagen, ich habe in einem uralten Geschichtenbuch davon gelesen«, sagte Sokrates nicht ohne Stolz. »Aber lassen wir das beiseite. Denn Knirps kann leider nicht Euer Knappe bleiben. Ich bin mit seinen Eltern hier. Sie wollen ihn zurückhaben, wie Ihr gewiss versteht.«

»Aber natürlich verstehe ich das!«, rief Rodrigo Raubein und kämpfte sich diesmal erfolgreich aus dem Schrank, bis er – fast zwei Meter groß, schwarzbärtig und gipsgepudert – mit gequälter Miene auf Sokrates herabsah. »Nur ist Knirps leider nicht mehr hier.«

»Bitte?« Jetzt war es an Sokrates, überrascht zu sein. Bei ihm allerdings folgte auf die Überraschung gleich der Ärger. Da war er Knirps auf den Flügeln seines Verstands bis in die Schauderburg gefolgt, nur um von diesem gipsverklebten Kartoffelbauern zu erfahren, dass Knirps schon weitergezogen war? Das war gegen die Regeln! Eine solche Wendung sahen die Geschichten im Geschichtenbuch nicht vor! Ein furchtloser Knirps, der sich einem furchtlosen Raubritter angedient hatte, hatte gefälligst bei diesem furchtlosen Raubritter zu bleiben! Doch Sokrates merkte gleich selbst, dass da etwas nicht stimmte. Denn so furchtlos Knirps sein mochte, Rodrigo Raubein schien eher furchtsam zu sein. Er war ja gerade erst aus seinem Versteck im Schrank geklettert.

»Wo ist er denn hin?«, krächzte Sokrates heiser, von diesem Ärgernis auf einmal erschöpft.

»Oh!« Rodrigo Raubein sank auf einen gipsverschmierten Stuhl und barg das Gesicht in den gipsverschmierten Händen. »Knirps ist losgezogen, um ganz allein und ohne fremde Hilfe ein möglichst gefährliches Verbrechen zu begehen!«, rief er und schien dabei den Tränen nahe. »Was habe ich da nur angerichtet!«

Und dann, während Sokrates ruhelos zwischen den Totenschädeln auf dem Tisch umherwanderte, erzählte Rodrigo Raubein die ganze Geschichte, denn sein schlechtes Gewissen drückte ihn sehr, und es fiel ihm einerseits schwer, tat ihm andererseits aber auch gut, sich auszusprechen. Er erzählte, wie Knirps bei Nacht und Sturm an das Burgtor geklopft und wie er, der Raubritter Rodrigo Raubein, ihn aus lauter Angst nicht eingelassen hatte, sodass Knirps in Regen und Wind krank geworden war. Dann erzählte er, wie er Knirps gesund gepflegt und ihm dabei lauter frei erfundene Raubrittergeschichten aufgetischt hatte. Und schließlich erzählte er mit brechender Stimme, wie er Knirps, nur um ihn wieder loszuwerden, zu einer Probe verleitet hatte, nämlich ganz allein und ohne fremde Hilfe ein möglichst gefährliches Verbrechen zu begehen. »Oh!«, rief Rodrigo Raubein zum Schluss. »Ich habe große Schuld auf mich geladen« – und dabei fiel ihm nicht einmal auf, dass sich das für einen Raubritter nicht anders gehörte. Raubritter hatten ja gefälligst schuldig zu sein.

»Hm«, machte Sokrates zwischen den Totenschädeln auf dem Tisch. »Glaubt Ihr, dass Ihr Knirps auch wieder umstimmen könnt?«

Rodrigo Raubein wühlte in seinem schwarzen Bart. »Ich habe es versucht!«, jammerte er. »Aber dieser Junge ist ...«

»... enorm dickköpfig«, krächzte Sokrates. »Ich weiß.« Er umrundete den nächsten nachgemachten Totenschädel. Dann blieb er wild entschlossen stehen. »Wir müssen es dennoch versuchen! Höre, Räuber, wir werden Knirps zusammen verfolgen. Wir werden verhindern, dass sich seine Geschichte zum Schlimmsten wendet!«

Dem Raubritter verschlug es vor Schreck fast die Sprache. »Zusammen?«, fragte er heiser. »Lieber Sokrates, ich verlasse die Schauderburg nie.«

»Diesmal schon«, sagte der Papagei streng. Er hatte die Fäden bereits in der Hand, auch wenn er genau genommen gar keine Hände hatte. »Dein Puppenwagen, Räuber«, sagte er zu Rodrigo Raubein, »wartet vor dem Tor.«

Fünftes Kapitel

in welchem sich Knirps in ein grässliches Ungeheuer verwandelt

Während sich gar nicht so weit fort der Raubritter Rodrigo Raubein in eine Ausgehrüstung zwängte, zwängte sich Knirps durch das dickste Dickicht des Bangewalds. Wie ihr wisst, war er ausgezogen, um ein möglichst gefährliches Verbrechen zu begehen. Und wie ihr ahnt, hatte Knirps nur eine sehr ungefähre Vorstellung davon, was für ein Verbrechen das sein könnte. Denn Knirps trieb nicht die Habsucht, die die meisten Raubritter treibt. Ihn trieb der Wunsch, Rodrigo Raubeins Knappe zu werden, um schließlich genauso wie Rodrigo Raubein zu sein.

Natürlich war das ein großes Missverständnis, denn Knirps wollte keineswegs im Burghof Gemüse anbauen, im Südturm Kakteen züchten und sich im Übrigen hinter selbst gebastelten Totenschädeln vor der Welt verstecken. Er wollte Seeungeheuer reiten, Eisriesen unter den Tisch trinken und mit dem Teufel Karten spielen – so wie der Rodrigo Raubein, den es nur in Rodrigo Raubeins erfundenen Geschichten gab.

Freilich gab es die Seeungeheuer, Eisriesen und den Teufel vorerst auch nur in Rodrigo Raubeins Geschichten. Im Bangewald gab es sie jedenfalls nicht. Dort lebten außer Bären und Riesenschlangen, einigen Irrlichtern und den üblichen Nachttieren vor allem Sumpfdruden, Wurzelgnome und Kobolde. Und für die hatte der abenteuerhungrige Knirps keinen Blick, was vielleicht daran lag, dass Sumpfdruden, Wurzelgnome und Kobolde in dunklen Wäldern zwar häufig, hingegen in Geschichten, wie Knirps sie liebte, eher selten anzutreffen sind.

Insbesondere die Wurzelgnome hatten an diesem Tag sehr darunter zu leiden, denn der achtlose Knirps trat ihnen unablässig auf den Kopf. Er warf auch schon mal einen Kobold um, wenn er glaubte, bloß einen Ast zur Seite zu biegen. Und wenn ein Drudenfluch ihn warnte, ja nicht in ein sorgfältig ausgehobenes Sumpfloch zu treten, so hörte Knirps ihn nicht. Er war schließlich ganz damit beschäftigt, von Seeungeheuern, Eisriesen und dem Teufel zu träumen und sich im Übrigen Gedanken über sein möglichst gefährliches Verbrechen zu machen. Sollte er, wie Rodrigo Raubein vor ihm, eine fürstliche Kutsche überfallen und dabei ganz allein ein Fähnlein Ritter besiegen? Oder sollte er besser in eine königliche Schatzkammer einbrechen und säckeweise Gold und Diamanten forttragen?

Knirps war noch dabei, sich weitere Verbrechen auszudenken, als er einen besonders schrillen Drudenfluch überhörte und in ein besonders schwarzes, besonders tiefes Sumpfloch trat. Er war sogleich verschwunden. Der Morast schloss sich blubbernd über seinem roten Schopf. Doch ihr müsst jetzt nicht denken, dass Knirps' Geschichte damit zu Ende wäre, denn der ansässige Sumpfdrude wollte sein Sumpfloch keinesfalls mit jemandem teilen. Er schob den Knirps kurzerhand wieder heraus und Knirps fand sich keuchend auf dem Waldboden wieder. Erst schnappte er nach Luft, dann sah er überrascht an sich hinab. Er war über und über mit schwarzem Morast bedeckt und zwar vom Scheitel bis zur Sohle. Von dem bunten Harlekinsanzug, den Mama Dick ihm zusammengenäht hatte, war kein Fitzelchen mehr zu sehen, und als Knirps seinen Kopf betastete, spürte er auch keine leuchtend roten Haare mehr, sondern eine dicke Schicht Schlamm, die so klebrig war, dass er sie sich nicht einmal von seinen Wangen reiben konnte.

»Nun gut«, sagte er sich. »Wenn Onkel Roddi mir schon keine Rüstung erlaubt, dann soll dieser klebrige Schlamm jetzt meine Rüstung sein.«

Für einen Raubritter schien Knirps das ziemlich passend, denn besonders reinlich konnte so ein Raubritter eigentlich nicht sein. Unvorstellbar, dass ein Raubritter sich von Mama Dick in einen Waschzuber stecken lassen würde, wie sich Knirps in einen Waschzuber hatte stecken lassen, bevor er unter die Raubritter gegangen war. Und an diesem Gedanken fand Knirps so viel Gefallen, dass er seinen Weg durch den Bangewald beschwingt fortsetzte und schließlich fröhlich pfeifend den Waldrand erreichte.

Auf einmal fand er sich auf einem Hügel wieder mit Blick auf ein liebliches Tal. Weit und breit keine schroffen Felsen, wie sie den Haarzuberg auftürmten, und weit und breit auch keine grimmigen Baumriesen und tückischen Sumpflöcher, wie es sie im Bangewald gab.

Stattdessen sah Knirps auf sanft geschwungene Hügel und sich darüber windende Wege, an deren Rändern sich bauschige Büsche in einer milden Brise wiegten. Eben noch hatten die Wipfel des Bangewalds den Weg des Knirps verdüstert, jetzt stand die Sonne gelb am blauen Himmel und schien wohlwollend auf grüne Wiesen hinab.

In seinem bunten Harlekinskostüm hätte Knirps sehr gut in diese Landschaft gepasst, in seiner neuen Schlammrüstung hingegen sah er eher wie ein Geschöpf des Bangewalds aus – so als hätten ihn die schwarzen Felsen des Haarzubergs bei Steinschlag geboren und die Druden ihn mit ihren Flüchen genährt.

Knirps allerdings hatte schon beinahe vergessen, dass er nun ganz in Schlamm gekleidet war. Er sah auf die Landschaft seines künftigen Verbrechens wie auf ein schön verpacktes Geschenk und wunderte sich nicht einmal, auf dem Kamm eines Hügels eine Kutsche nahen zu sehen, so als hätte sie jemand eigens für ihn gerufen.

»Bestens«, sagte er sich. »Dann ist über mein möglichst gefährliches Verbrechen also entschieden.« Und mit diesen Worten stürmte Knirps den Hang hinab.

Tatsächlich schien die nahende Kutsche stracks aus einer von Rodrigo Raubeins erfundenen Geschichten zu kommen, so sehr erfüllte sie Knirps' Ansprüche. Rodrigo Raubein hätte sie sich in seinem alten Ohrenbackensessel nicht schöner ausdenken können. Denn nicht nur war die Kutsche in einem fürstlichen Weiß lackiert, sie wurde auch von vier fürstlichen Schimmeln gezogen und von einem Fähnlein Ritter in schimmernden Rüstungen begleitet.

»Ich werde die Ritter wie Bratwürstchen auf meine Lanze spießen«, sagte sich der heraneilende Knirps und dabei kam ihm nicht einmal in den Sinn, dass er gar keine Lanze hatte.

Knirps' Vorfreude wuchs nun mit jedem Schritt, den er der Kutsche näher kam. Sie zu überfallen, schien ihm umso reizvoller, desto besser er sie sah. Die goldfarben lackierten Speichen der sich eifrig drehenden Räder! Die kunstvoll geschmiedeten Laternen am Kutschbock! Das golddurchwirkte Zaumzeug der vorgespannten Schimmel! Die herrliche Fahne, die einer der Ritter im Begleitzug trug! Und war auf diese Fahne nicht sogar eine Königskrone gestickt?

Knirps' Jubelruf schallte über Wiesen und Wege, über die grünen Hügel und in den blauen Himmel hinauf. Und natürlich schallte sein Jubelruf auch der Kutsche entgegen: dem Fähnlein Ritter, das sie begleitete, dem Kutscher auf dem Bock und seinem Stellvertreter daneben und auch den beiden Dienern, die auf einem Trittbrett am Heck der Kutsche klebten wie heutzutage die Müllmänner an einem Müllwagen. Aber das ist natürlich ein ganz unpassender Vergleich.

Sie alle, die Ritter, der Kutscher, sein Stellvertreter und die beiden Diener, sahen Knirps nun heranrasen. Aber sahen sie wirklich Knirps? Sahen sie einen kleinen Jungen, der sich aus dem elterlichen Puppentheater davongestohlen hatte, um sich als Knappe bei einem furchtsamen Raubritter zu verdingen, und auf dem Weg zu seiner Probe in ein besonders tiefes Sumpfloch gefallen war? Natürlich nicht! Sie sahen ein schwarzes Ungeheuer auf sich zurasen, das schrie, als sei es vom Teufel besessen.

»Ha!«, rief dieses Ungeheuer obendrein, während es immer schneller immer näher kam und dabei gar nicht müde wurde. »Ich werde euch wie Würstchen aufspießen!«

Was hättet ihr getan in solcher Lage? Hättet ihr das Visier heruntergeklappt und das Schwert gezückt? Wärt ihr diesem schwarzen, schreienden, nun auch noch mit den Armen rudernden Ungeheuer mutig entgegengaloppiert?

Die Ritter, der Kutscher, sein Stellvertreter und die beiden Diener taten es nicht, denn wie ihr wissen müsst, waren die Menschen im Mittelalter furchtbar abergläubisch. Sie glaubten zu erkennen, wenn jemand der Hölle entstiegen war, und wenn sie so jemandem begegneten, dann suchten sie das Weite.

Und genau das taten die Ritter, der Kutscher, sein Stellvertreter und die beiden Diener auch. Die Ritter gaben ihren Rössern die Sporen, und der Kutscher, sein Stellvertreter und die beiden Diener schirrten mit zitternden Händen die Kutschpferde ab, um sich eilig auf ihre Rücken zu schwingen und den Rittern hinterherzugaloppieren.

Knirps blieb nichts anderes, als ihnen nachzurufen. »He! Ihr Feiglinge! Ihr Memmen! Ihr Waschlappen! Ihr Hasenfüße! Lauft nicht weg! Stellt euch dem Kampf! Kehrt um, zum Teufel!« Er rief ihnen so lange nach, bis sie nur noch ein Staubwölkchen am Horizont waren und schließlich nicht einmal mehr das. Denn aus Angst vor dem schlammbedeckten Knirps ritten sie so weit fort, dass niemand, der in dieser Geschichte vorkommt, sie jemals wiedergesehen hat.

Als sie ein für alle Mal verschwunden waren, stand Knirps mit hängenden Schultern da, unsicher, was er als Nächstes tun sollte. Machte es überhaupt noch Sinn, die Kutsche auszurauben, nun wo sie verlassen war? Eine Kutsche zu überfallen, die nicht bewacht wurde, ging doch gewiss nicht als möglichst gefährliches Verbrechen durch. Knirps fluchte, dass Mama und Papa Dick erbleicht wären. Dann keimte wie ein vorwitziger Sprössling die Neugier in ihm auf.

»Sei's drum«, sagte er sich, weil ihn der Mut nie lange verließ. »Die Probe ist verdorben, aber die Kutsche kann ich mir dennoch ansehen. Vielleicht finde ich etwas Nützliches darin. Nur ein Schatz soll es bitte nicht sein, denn den könnte ich nicht gebrauchen. Ich hätte ihn ja nicht ehrlich geraubt.« Er stapfte auf die Kutsche zu, ein wenig steif mittlerweile, weil der schwarze

Morast, der ihn über und über bedeckte, allmählich zu trocknen begann.

Die Kutsche war noch prachtvoller, als ihm bewusst gewesen war. In der Sonne leuchtete sie hell wie eine Gemme und auf die Türen war dieselbe Krone aufgemalt, die schon die entschwundene Fahne geschmückt hatte. Zweifellos war es eine Königskrone, was in Knirps wieder den gerade erst überwundenen Ärger aufsteigen ließ. Die Ritter eines Fürsten ziehen lassen zu müssen, war vielleicht zu verschmerzen. Nicht gegen die Ritter des Königs kämpfen zu können, war hingegen gewaltiges Pech.

Einen neuerlichen Fluch auf den Lippen, riss Knirps die Kutschentür auf.

»Hast du aber lange gebraucht, mich zu finden! Bist du immer so langsam?«

Knirps klappte den Mund zu, noch bevor ihm der Fluch entwichen war. Nicht, dass er sich erschreckt hätte – Knirps erschreckte sich nie –, überrascht aber war er schon, eine kleine Prinzessin in der Kutsche vorzufinden. Und eine kleine Prinzessin war dieses Mädchen zweifellos. Man erkannte es an ihrem langen, türkisgrünen Kleid und an dem silbernen Diadem in ihren schimmernden blonden Haaren. Aber vor allem erkannte man es an ihrem vorwurfsvollen Blick, der in Knirps sogleich das Bedürfnis weckte, sich untertänigst und wortreich zu entschuldigen.

Aber wofür? Noch hatte er dieser Prinzessin doch gar nichts zuleide getan. Und war es etwa seine Schuld, dass ihre Ritter, Kutscher und Diener ehrlos das Weite gesucht hatten? Das ärgerte ihn selbst doch viel mehr als sie!

»Wer bist du?«, sagte Knirps also, statt um Vergebung zu bitten, wie es ihr Blick befahl.

»Ich bin Prinzessin Filippa Annegunde Rosa«, sagte sie. »Und wenn du außerdem wissen willst, wobei du mich gestört hast, so will ich dir gütig mitteilen, dass ich auf dem Weg zu meinem Onkel siebten Grades, König Kilian dem Letzten, bin. Er hat selbst keine Kinder und deshalb hat er mich für die Thronfolge ausersehen. Er rechnet nämlich mit seinem baldigen Ableben.«

»Oh«, sagte Knirps. »Ist er krank?« Knirps fragte nicht aus Mitleid. Die verlassene Kutsche eines kranken Königs auszurauben, schien ihm nur noch ungefährlicher zu sein als die eines gesunden. An seinem Überfall stimmte wirklich nichts!

»Eigentlich nicht«, sagte Filippa Annegunde Rosa und rückte sich das Diadem zurecht. »Er glaubt nur, melancholisch zu sein.«

Knirps sah sie ratlos an, mit großen hellblauen Augen im schlammbedeckten Gesicht.

»Das heißt trübsinnig«, sagte Filippa Annegunde Rosa. »Ich bin nie trübsinnig. Und du?«

Knirps schüttelte den Kopf, wobei er ein paar Brocken Schlamm in der Kutsche verteilte.

Die Prinzessin las einen von ihrem Kleid. »Sag mal, wäschst du dich eigentlich nie?«, fragte sie.

»Ich bin in ein Sumpfloch gefallen«, erklärte Knirps und verspürte den Drang, sich für seinen Aufzug zu entschuldigen. Dabei hatte ihm seine Schlammrüstung eben noch gefallen.

»Dein Glück«, sagte Filippa Annegunde Rosa. »Denn wenn du nicht über und über mit diesem stinkenden Zeug bedeckt wärst, wäre meine Eskorte nicht vor dir geflohen.«

»Mein Pech«, sagte Knirps, dem dieser Zusammenhang erst in diesem Augenblick klar wurde. »Denn eigentlich wollte ich mit deiner Eskorte kämpfen. Ich wollte die Ritter wie Würstchen auf meine Lanze spießen. Die Kutscher und die Diener natürlich nicht.« Er machte einen geraden Rücken und streckte die morastige Brust ein wenig raus.

»Deine Lanze? Was für eine Lanze?«, fragte die Prinzessin.

Unter dem Schlamm wurde Knirps so rot wie seine Haare. »Einerlei«, sagte er. »Wir können die Einzelheiten beiseitelassen. Ich bin auf dem Weg, ein möglichst gefährliches Verbrechen zu begehen, um Knappe des gefährlichen Raubritters Rodrigo Raubein zu werden.«

»Nun«, sagte die Prinzessin. »Dem steht dann ja nichts mehr im Wege. Immerhin hältst du gerade die Thronfolgerin von König Kilian dem Letzten auf.«

»Ich fürchte, das reicht nicht«, sagte Knirps. »Wenn ich gegen deine Eskorte hätte kämpfen können, das wäre etwas gewesen. Aber was bitte schön ist gefährlich daran, hier mit dir zu plaudern?«

Der Prinzessin schien das einzuleuchten. »Du könntest natürlich mit *mir* kämpfen«, sagte sie, nachdem sie eine Weile nachgedacht hatte. »Aber ich sehe gar nicht ein, dir mit einem Gefallen dienlich zu sein. Prinzessinnen sind gar niemandem dienlich und zwar unter keinen Umständen.«

Knirps schüttelte wieder den Kopf, diesmal aus lauter Verständnis, was nichts daran änderte, dass er wieder ein paar Brocken Schlamm auf dem Kleid der Prinzessin verteilte.

»Aber du könntest mich *entführen*«, fuhr Filippa Annegunde Rosa fort. »Entführt zu werden, scheint mir durchaus prinzessinnenhaft. Und mich zu entführen, ist wohl gefährlich genug?« Sie las sich die neuen Schlammbröckchen vom Kleid.

»Ich weiß nicht.« Knirps dachte so angestrengt nach, dass gleich eine ganze Handbreit Schlamm von seiner Stirn platzte. »Findest du es ausreichend gefährlich, eine Prinzessin zu entführen, die selbst auf die Idee gekommen ist, entführt zu werden?«

LANG
LEBE DER

»Das spielt keine Rolle«, versicherte ihm Filippa Annegunde Rosa. »Bedenke, ich bin die Nichte des Königs, der mein Onkel siebten Grades ist. Sämtliche Ritter im Land werden versuchen, mich zu befreien. Und obendrein könntest du ein Lösegeld fordern. Dann ist es nicht nur Menschenraub, sondern auch noch Erpressung. Sag mal, wie heißt du überhaupt?«

»Knirps«, sagte Knirps und hatte schon wieder den Drang, um Verzeihung zu bitten – diesmal für einen Namen, der nicht sehr raubritterlich klang.

»Meine Freunde nennen mich Flip«, sagte Filippa Annegunde Rosa.

»Ich bin aber nicht dein Freund«, sagte Knirps. »Ich bin dein Entführer.«

»Du darfst mich trotzdem so nennen«, sagte Flip. »Wollen wir?« Und damit raffte sie ihr langes Kleid und kletterte aus der Kutsche.

»Einen Moment noch!« Knirps fühlte sich überrumpelt. Dabei gefiel ihm der Gedanke, eine Prinzessin zu entführen, und Flip gefiel ihm auch ein bisschen. Vor allem gefiel ihm, dass sie sich nichts gefallen ließ.

Aber musste er, bevor sie aufbrachen, nicht noch ein Zeichen hinterlassen? Schnell trat er an die Kutsche, tauchte den Finger in den noch feuchten Morast auf seinem Bauch und fing an zu schreiben.

LANG LEBE DER RAUBRITTER RODRIGO RAUBEIN!

So stand es schließlich in schlammig schwarzen Großbuchstaben auf der weißen Kutsche und Knirps betrachtete zufrieden sein Werk.

Sechstes Kapitel

in welchem der Hofzauberer Rabanus Rochus eine Briefkrähe empfängt – und ein melancholischer König sowie ein ghudipanischer Drache vorkommen

Rabanus Rochus, Zauberer am Hofe König Kilians des Letzten, stand auf dem zinnenbewehrten Dach seines Zaubererturms, der wiederum in einer dunklen Ecke des königlichen Schlossparks stand. Der Turm war ein finsteres, feuchtes Gebäude, das umso finsterer und feuchter wurde, je tiefer es reichte. Denn der Zaubererturm des Hofzauberers Rabanus Rochus ragte nicht nur hoch in den Himmel hinauf, er reichte auch bis tief unter die Erde, wo Rabanus Rochus seine Geheimnisse verbarg. Dort unten, im zweittiefsten Keller des Turms, lebte nämlich ein geheimer Drache, aber davon wird ein wenig später die Rede sein.

Einstweilen war Rabanus Rochus nicht mit einem Drachen,

sondern mit einer Krähe beschäftigt. Er sah sie durch sein Sehrohr nahen. Es war eine reichlich zerrupfte Krähe, die, erschöpft von einem langen Weg, schließlich wankend auf einer der Zinnen des Zaubererturms landete.

»Du langsames Vieh! Hättest du nicht schneller fliegen können?«, schimpfte Rabanus Rochus. Mit flatterndem Kinnbart und wehendem Mantel eilte er auf sie zu, packte sie unsanft und rupfte ihr einen kleinen hölzernen Zylinder vom Krähenbein. »Wenn das so weitergeht«, fauchte er, »wird man euch sehr bald durch Tauben ersetzen. Dann wird kein Mensch mehr wissen, dass es einmal Briefkrähen gab. Und vielleicht ist das auch besser so. Dann ist der ganze Ärger, den man mit euch hat, wenigstens vergessen.«

Er ließ die Krähe los, die sich zurück auf die Zinne rettete, und schraubte eilig den hölzernen Zylinder auf. Darin befand sich ein winziger Brief, den einer von Rabanus Rochus' Spionen mit winzigen Buchstaben beschrieben hatte. Während die Briefkrähe ihr Gefieder ordnete, um gleich darauf unbemerkt zu verschwinden, machte sich Rabanus Rochus daran, den Brief zu entziffern, und wurde immer zorniger dabei.

»Filippa Annegunde Rosa?«, rief er. »Offiziell als Thronfolgerin auserkoren? Und auch schon auf dem Weg hierher?« Wütend zerknüllte er das winzige Schreiben und begann, zwischen den Zinnen auf und ab zu laufen. »Wieso erfahre ich erst jetzt davon? Wie kann man eine so wichtige Entscheidung vor mir geheim halten? Wie kann man überhaupt etwas vor mir geheim halten?«

Er reckte die Arme gen Himmel, als könne der Himmel dafür, und dann fiel sein zorniger Blick auf das Königsschloss Kilians des Letzten am anderen Ende des Parks. Mit seinen weißen Türmchen und roten Dächern lag es dort lieblich im Licht und wies mit seinen großen Fenstern auf den malerischen Schlossteich hinaus, wo die Seerosen in der Sonne badeten.

Rabanus Rochus jedoch sah diese Schönheit nicht. Er sah allein die Macht, die über das Schloss und den Schlossteich, die Felder, Wiesen und Dörfer ringsum und über alle Menschen, die dort wohnten, gebot. Rabanus Rochus gierte so sehr nach dieser Macht, dass er nachts oft nicht einschlafen konnte oder, wenn er wider Erwarten doch eingeschlafen war, mit dem Wunsch, selbst König zu werden, wieder erwachte. Dann eilte er, noch in sein schwarzes Nachthemd und die schwarze Nachtmütze gekleidet, barfüßig zu seinem Sehrohr auf der Spitze des Turms, um es auf das Fenster des königlichen Schlafzimmers zu richten und nachzusehen, ob König Kilian über Nacht endlich verschieden war. Denn der König war, wie ihr ja schon wisst, melancholisch, und Rabanus Rochus hoffte sehr, er würde baldigst an seinem Trübsinn sterben.

Dann, so malte es sich der Zauberer in seinen schlaflosen Nächten aus, würde man ihn zum neuen König krönen, denn außer Filippa Annegunde Rosa hatte König Kilian keine Verwandten und Filippa Annegunde Rosa war noch ein Kind und ein Mädchen dazu. Und im finsteren Mittelalter, müsst ihr wissen, waren Königinnen keine Selbstverständlichkeit. Dass man in Ermangelung von Königssöhnen den Hofzauberer zum König krönte, kam hingegen öfter vor.

Doch auch in dieser Nacht war König Kilian nicht gestorben. Das Sehrohr hatte Rabanus Rochus auch an diesem Morgen gezeigt, was es ihm jeden Morgen zeigte: einen schlaffen König in der Kissengruft seines Gemachs, der kaum die Kraft fand, sich von seinen Dienern ankleiden zu lassen.

»Filippa Annegunde Rosa!«, wütete Rabanus Rochus und pfefferte das zusammengeknüllte Briefchen gegen eine Turmzinne. »Wieso Filippa Annegunde Rosa und nicht ich? Steht es nicht dem Hofzauberer zu, den König zu beerben? Hat dieser Trübsal blasende Walfisch es mir nicht versprochen? Na warte, König Kilian! Na warte, Filippa Annegunde Rosa!«

Und mit diesen Worten eilte Rabanus Rochus, nunmehr eine rußende Fackel schwingend, die finstere Wendeltreppe seines finsteren Turms hinab, rund und rund und tiefer und tiefer, während seine Flüche von den feucht glänzenden Steinblöcken des Treppenschachts widerhallten. Rabanus Rochus' Ziel war der zweittiefste Keller, ein kreisrundes, stockdusteres Verlies, in dem der geheime Drache ruhte.

Der Name des geheimen Drachen lautete Wak, und Wak war vor unvordenklicher Zeit auf einem fernen ghudipanischen Vulkanfeld geboren. Unter Feuerbrei hustenden Bergen war er auf rauchendem Lavastein aus einem pechschwarzen Ei geschlüpft, um sich dann eine halbe Ewigkeit lang am Ufer eines stinkenden Schwefelsees zu langweilen. Einem Drachen wie ihm hatte das karge Ghudipan nichts zu bieten. Es gab dort nicht einmal eine Drachenstadt.

Also hatte sich Wak eines verräucherten, schwefeligen Morgens in den Himmel erhoben, um in der Fremde sein Glück zu suchen. Er hatte schneebedeckte Gipfel, brennend heiße Wüsten, tiefe Schluchten und dichte Wälder überquert, bis er schließlich im Rinnstein einer heruntergekommenen Stadt einem Zauberer begegnet war, der nicht zaubern konnte. Und vielleicht ahnt ihr schon, wer dieser des Zauberns unkundige Zauberer war: Genau, niemand anders als Rabanus Rochus hockte dort abgerissen im Rinnstein und war über seinen Zustand so enttäuscht und wütend, wie es Wak auf seinem gottverlassenen ghudipanischen Vulkanfeld gewesen war.

Dass die beiden Freunde geworden wären, ließe sich beim

besten Willen nicht behaupten, einen Handel aber schlossen sie damals im Rinnstein doch. Wak versprach Rabanus Rochus, ihm insgeheim seine Kräfte zu leihen. Dafür versprach Rabanus Rochus dem Wak das, wovon alle Drachen träumen: einen Goldschatz, auf dem sie liegen dürfen. Denn auf eine elementare Weise, müsst ihr wissen, sind Drachen unheimlich schlau. Dass »Besitz« von »be-sitzen« kommt, wissen sie genau. Drachen wollen einen Schatz allein, um auf ihm zu hocken.

Bislang allerdings hatte nur Wak, nicht aber Rabanus Rochus sein Versprechen eingelöst. Mithilfe des Drachen war Rabanus Rochus Zauberer am Hofe Kilians des Letzten geworden, den er manchmal des Nachts zur allgemeinen Bewunderung überflog. Es wusste ja niemand, dass der fliegende Rabanus Rochus in Wahrheit auf einem fliegenden, geheimen Drachen saß. Denn Wak war schwarz wie die Nacht und seine gelben Augen funkelten im Nachthimmel wie Sterne. Wer nicht von ihm wusste, konnte ihn in finsterer Nacht nicht sehen.

Und es wusste auch niemand, dass das Zauberfeuer, das manchmal aus Rabanus Rochus' Schornstein loderte, in Wahrheit aus Waks Rachen kam. Dann hockte der Drache wie eigentlich fast immer im zweittiefsten Keller von Rabanus Rochus' Turm und spuckte sein Feuer in den Kamin, während der Zauberer hoch über ihm auf der Turmspitze magisch mit den dünnen Armen fuchtelte und angeblich sein magisches Feuer beschwor.

Das war gut für Rabanus Rochus' Ansehen, aber für Wak bedeutete es nichts. Statt auf einem Goldschatz lag er auf dem harten, kalten und obendrein feuchten Kellerboden und dachte manches Mal, dass er unter diesen Umständen auch auf seinem ghudipanischen Vulkanfeld hätte bleiben können. Schlechter als jetzt war seine Laune dort auch nicht gewesen.

Wak, der nachtschwarze Drache, stieß eine stinkende Rauchwolke aus. Er hörte Schritte auf den Treppenstufen. Den Treppenschacht erhellte Feuerschein. Rabanus Rochus nahte, und Wak kniff die gelben Augen zusammen, teils aus Misstrauen und teils weil das Licht der Fackel ihn blendete. Er hatte wieder einmal viele Stunden in schwärzester Finsternis verbracht.

»Wak, mein Freund!«, rief Rabanus Rochus, die tropfende Pechfackel in der Hand.

Waks schwarze Schuppen glänzten im Widerschein der Flamme. Ein gelbes Auge klappte bedrohlich auf. Der lange Drachenschwanz, dicker als ein Dutzend dicker Würgeschlangen, fegte bedenklich über den Kellerboden. »Was willst du, Rabanus?«, grollte, nachdem er den Zauberer bange Sekunden hatte warten lassen, schließlich Wak. »Mir endlich zu meinem Schatz verhelfen? Heute noch, Rabanus?«

Doch der Drache mochte noch so bedrohlich klingen, es war nicht Rabanus Rochus' Art, sich zu fürchten. Und falls er doch einmal Angst empfand – zum Beispiel die Angst, wieder im Rinnstein zu landen –, so merkte er es nicht, weil seine stete Wut alle Angst überdeckte. Knirps mochte keine Angst haben, weil er das Böse nicht kannte. Rabanus Rochus kannte keine Angst, weil er immer nur böse war.

Wak stieß eine besonders übel riechende Rauchwolke aus und wartete, bis Rabanus Rochus sich ausgehustet hatte.

»Alsbald«, krächzte der Zauberer schließlich mit einem elenden Schwefelgeschmack im Mund. »Alsbald verhelfe ich dir zu deinem Schatz, mein werter Wak, allerdings nicht heute. Es ist uns etwas dazwischengekommen, mein Lieber. Jemand ist zwischen dich und den Schatz des Königs getreten.«

»Wer?«, fragte Wak mit einem vulkanischen Grollen. »Wer wagt es?«

»Filippa Annegunde Rosa«, sagte Rabanus Rochus mit tränenden Augen. Der zweittiefste Keller war mittlerweile ganz mit beißendem Rauch gefüllt. »Sie ist die einzige Verwandte des Königs und Kilian hat sie gegen meinen Willen zur Prinzessin und Thronfolgerin bestellt.«

Wak zischte voller Verachtung. Weißer Zornesrauch dampfte aus seinen Nüstern.

»Und du weißt, Wak«, fuhr Rabanus Rochus fort, »ich muss erst König werden, bevor ich dir den Schatz überlassen kann. König Rabanus! Rabanus der Einzige!« Jetzt glühten nicht nur Waks, jetzt glühten auch Rabanus Rochus' Augen, und das lag nicht allein am ghudipanischen Rauch.

»Dann werde endlich König, Rabanus!«, grollte der Drache und klang wie ein Felssturz dabei. »Ist dieser jämmerliche Kilian etwa auch heute Morgen wieder aufgewacht? Hast du mit deinem Guckrohr schon durch sein Schlüsselloch gespäht, Rabanus?«

»Gleich nach dem Aufstehen«, versicherte ihm der Zauberer und unterdrückte einen neuerlichen Hustenanfall. »Er lebt. Und für den Augenblick ist das auch gut so, mein Freund. Denn zurzeit würde ja Filippa Annegunde Rosa ihm auf den Thron folgen, verstehst du? Deshalb müssen wir sie schleunigst aus dem Weg schaffen.«

Wak hörte zu dampfen auf. Er hob den mächtigen Drachenschädel, der bislang schläfrig auf seinen mächtigen Tatzen geruht hatte.

»Richtig!«, rief Rabanus Rochus. »Du musst sie aus dem Weg schaffen! Mein Freund ...« Mit baumelndem Kinnbart beugte sich der Zauberer vor. »... du wirst sie noch heute Nacht entführen. Sie ist auf dem Weg hierher. Du wirst sie abpassen müssen. Ich ...«

Rabanus Rochus wollte gerade anfangen, dem Drachen die fürstliche Kutsche, die man nach der Prinzessin geschickt hatte, zu beschreiben, als ihn der durchdringende Klang eines Horns unterbrach. Im Schloss blies man zur Jagd, und als Hofzauberer war Rabanus Rochus verpflichtet, seinen König auf die Jagd zu begleiten. Nicht, dass Kilian der Letzte gern auf die Jagd geritten wäre – Kilian tat, wie er glaubte, nichts im Leben gern –, aber Rabanus Rochus musste trotzdem mit. Der Zauberer fluchte leise in sich hinein.

»Ich muss zum Schloss hinüber«, sagte er zu dem geheimen Drachen. »Mein Freund, ich komme später wieder!«

Mit lodernder Fackel eilte er auf den Treppenschacht zu. Im dichten Rauch war er bald nur noch ein Schatten.

»Heute Nacht, Wak!«, hörte ihn der Drache zum Abschied rufen. Dann verklangen Rabanus Rochus' Schritte und Wak sank in seinen altvertrauten Missmut zurück.

Rabanus Rochus eilte durch den Park auf das Königsschloss zu, unter herrlichen Bäumen und am funkelnden Schlossteich vorbei, wo dicke Frösche auf den Seerosenblättern saßen und ein stolzer Schwan seine Runden schwamm. Mit wehendem Mantel und flatterndem Kinnbart erklomm der Zauberer die Stufen zur Schlossterrasse, an drei sorgsam aufgereihten Hornbläsern vorbei, deren stolze Pflicht es war, dem kleinen Königreich die Freizeitpläne des Königs kundzutun.

Wobei es, wie gesagt, keineswegs der Plan König Kilians des Letzten war, an diesem schönen Tag auf die Jagd zu reiten. Vielmehr hatte Kilians Hofmedicus Padrubel dem König die Jagd ärztlich verordnet. Der Hofmedicus Padrubel glaubte an die heilsame Wirkung von Beschäftigung und frischer Luft. Die Jagd sollte eine Medizin gegen Kilians Trübsinn sein.

Rabanus Rochus begegnete dem Hofmedicus Padrubel vor der kostbar verzierten Flügeltür zu Kilians Gemächern und diese Begegnung verbesserte seine Laune nicht. Rabanus Rochus konnte den Hofmedicus nämlich nicht leiden. Wo Rabanus Rochus ungeduldig war, war Padrubel geduldig. Wo Rabanus Rochus böse Absichten hegte, war Padrubel stets auf das Gute aus. Und wie ihr euch nun gewiss denken könnt, hegte Padrubel gegen Rabanus Rochus ein erhebliches Misstrauen. Für den Geschmack des Hofmedicus erkundigte sich der Hofzauberer allzu oft nach König Kilians Gesundheit, wobei er niemals ehrlich besorgt, sondern jedes Mal auf eine sonderbare Weise eifrig klang. Und da machte der heutige Tag keine Ausnahme.

»Werter Padrubel!«, rief der heraneilende Rabanus Rochus. »Wartet Ihr noch auf den König? Steht es heute etwa besonders schlimm?«

Rings um das Königsschloss wurden wieder die Jagdhörner geblasen. Padrubel wartete geduldig ab, bis sie verklungen waren, und strich sich solange über den prächtigen, silbergrauen Bart. Er war ein weiser Mann und sah aus, wie weise Männer zuweilen wirklich aussehen. Er hätte jederzeit eine schmucke Büste abgeben können, wie gemacht für die Eingangshalle einer Universität. »Der König hat heute schwer aus dem Bett gefunden«, sagte Padrubel schließlich mit seiner wohltuenden Stimme, »aber im Grunde auch nicht schwerer als sonst. Gewiss wird er gleich erscheinen.«

Und auch damit – so wie mit seinem Misstrauen gegen Rabanus Rochus – hatte der Hofmedicus Padrubel recht. Die kostbar verzierte Flügeltür zu Kilians Gemächern wurde aufgestoßen und einer der königlichen Diener baute sich auf der Schwelle auf.

»König Kilian der Letzte!«, rief er, als wäre das nicht offen-

sichtlich. Denn auf dem Gang konnte man König Kilian schon heranschlurfen sehen, bereits in ein Jagdwams gekleidet und schwer auf seinen Lieblingsleibdiener gestützt. Nach Rabanus Rochus' Gefühl brauchten die beiden eine Ewigkeit, um die Schwelle zu erreichen. Doch schließlich stand Kilian zwischen beiden Dienern in der Tür. Er war klein und kugelrund, trug eine ins Rötliche schimmernde blonde Perücke und jemand hatte ihm gegen die Blässe den roten Farbstoff der Schildlaus auf die schlaff herabhängenden Wangen geschmiert.

König Kilian hob den Blick, um ihn gleich wieder niederzuschlagen. Dann bewegten sich tonlos seine Lippen und das Kinn sank ihm auf die Brust.

»ICH FÜHLE MICH MATT!«, brüllte im selben Augenblick Kilians Lieblingsleibdiener, ein großer, kräftiger Kerl mit außergewöhnlich großen Ohren, die ihn besonders dazu befähigten, den König zu verstehen. Denn Kilian der Letzte sprach aufgrund seiner tiefen Melancholie so leise, dass ihn außer dem Lieblingsleibdiener kaum jemand anders verstand. So hatte es sich bei Hofe ergeben, dass der Lieblingsleibdiener Kilians unhörbares Flüstern in ein unüberhörbares Gebrüll übersetzte.

»ICH GLAUBE, MEIN LEIDEN ERLAUBT ES MIR HEUTE NICHT, AUF DIE JAGD ZU REITEN, GESCHÄTZTER PADRUBEL!«, brüllte Kilians Lieblingsleibdiener als Nächstes, wobei er strammstand und niemanden ansah, auch nicht den Hofmedicus, den Kilian der Letzte zuvor angeflüstert hatte. »ACH JE! ICH MUSS MICH HINLEGEN!«, brüllte der Lieblingsleibdiener weiter. »ICH BIN SO SCHWACH HEUTE!« Der Lieblingsleibdiener räusperte sich und brüllte nachher umso lauter: »SO SCHWACH!«

Nun würdet ihr vielleicht erwarten, dass der König kehrtmachte, um in die Kissengruft seines Gemachs zurückzukehren, aber damit rechnete von den Anwesenden niemand und am wenigsten wohl König Kilian selbst. Er war es gewohnt, überstimmt zu werden, und ließ es in jedem Fall geschehen, was bei einem König sehr selten vorkommt. Doch König Kilian der Letzte war nicht zuvörderst König, sondern in erster Linie Patient.

»Der Jagdausflug wird Euch guttun, Majestät«, sagte nun der Hofmedicus Padrubel. »Als Euer Leibarzt muss ich darauf bestehen.«

Kilian quittierte es mit einem müden, kaum merklichen Nicken. Denn das alles war wie ein sorgsam eingeübtes Theaterstück, das an jedem Jagdtag aufs Neue zur Aufführung gebracht wurde. König Kilian protestierte und sein Protest nutzte ihm nichts. Seine Diener begannen, ihn sanft in den Vorhof zu schleifen, wo sie ihn mit geübten Griffen schließlich auf sein Jagdpferd hievten.

»ACH JE! DAS ARME TIER!«, brüllte der Lieblingsleibdiener, während er seinem König die Zügel in die Hand drückte. »ICH SPÜRE, ES WILL SO WENIG AUF DIE JAGD WIE ICH.«

Und damit zog die Gesellschaft unter Hörnerklang von dannen: der Hofzauberer Rabanus Rochus, der Hofmedicus Padrubel, die Dienerschaft und ein König, der mit Leidensmiene und unglücklich verrutschter Perücke in seinem reich bestickten Sattel hing.

Siebtes Kapitel

in welchem sowohl den König als auch Rodrigo Raubein das Entsetzen packt – wenngleich aus unterschiedlichen Gründen

Zur selben Zeit, wenngleich woanders, erging es dem Raubritter Rodrigo Raubein wie dem König Kilian. Denn so wenig wie König Kilian sein Pferd, hatte Rodrigo Raubein den Puppenwagen der Dicks besteigen wollen.

Wie ihr wisst, verreiste der Raubritter sonst nie. Eben deshalb hatte er sich, bevor ihn dieser Papagei zu einer überstürzten Abreise genötigt hatte, auch nie eine allzu genaue Vorstellung davon gemacht, mit wie vielen Ängsten eine solche Reise einherging.

Da waren, erstens, die Sorgen um die Schauderburg, die Rodrigo holterdiepolter hatte verlassen müssen. Hatte er die Kakteen gegossen? Waren die Gebeine aus Gips auf dem Felsenpfad in angemessen abschreckendem Zustand? Hatte er die Kakteen in der Eile womöglich zu kräftig gegossen? Und wie stand es um das Tor? Hatte er es abgeschlossen? Oder etwa nicht?

Rodrigo Raubein war drauf und dran, den kleinen bunten Papagei zu bitten, wieder umzukehren, um nachzusehen. Aber dann dachte er an Knirps und dass sie sich furchtbar beeilen mussten, um Knirps davon abzuhalten, ein möglichst gefährliches Verbrechen zu begehen, und der Raubritter verwarf den Gedanken. Unter dem rostigen Helm mit dem losen Visier, das zu Rodrigos Ärger in den unpassendsten Momenten zuklappte, stand ihm dennoch der Schweiß auf der Stirn. Das Tor! Mittlerweile war er sicher, dass es offen stand. Und das, wo er Einbrecher beinahe noch mehr fürchtete als Wegelagerer im Bangewald!

Er klappte das Visier hoch, das schon wieder klappernd zugeklappt war, warf einen Blick aus dem Fenster des Puppenwagens in den vorbeiziehenden Wald und vermutete hinter jedem Baum eine Räuberbande. Dann sah er zu Sokrates, dem Papagei, hinüber, der in einem großen Buch blätterte und sich nicht einmal von den tiefsten Schlaglöchern und knorrigsten Wurzeln stören ließ, über die Papa Dicks Puppentheater rumpelte.

Es war in der Tat eine unruhige Fahrt, und Rodrigo Raubein fürchtete – zweitens oder schon drittens –, reisekrank zu werden. Womöglich stieg aus seiner Magengegend bereits eine heftige Übelkeit auf. Genau allerdings konnte er es nicht sagen, weil seine alte Rüstung zwickte und zwackte und sich deshalb nur schwer bestimmen ließ, woher sein Unwohlsein rührte.

Er hatte die Rüstung übereilt ausgewählt, gewiss hätte es in der Waffenkammer eine passendere gegeben, aber immerhin war er nicht so kopflos gewesen, ganz ohne Rüstung loszuziehen. Nur leider hatte er Schwert und Schild vergessen, weshalb er außer am Unwohlsein auch unter einem Gefühl der Schutzlosigkeit litt. Denn der über seinem Buch brütende Sokrates sah nicht aus, als könne er ihn, Rodrigo Raubein, im Ernstfall beschützen. Und die beiden Dicks vorn auf dem Kutschbock hatten offenbar ebenso viel Angst wie er.

Mama Dick hatte vor Schreck die Hände vor den Mund geschlagen, als sie Rodrigo Raubein in knirschender Rüstung hatte aus dem Burgtor treten sehen, und Papa Dick hatte sich sogar vor ihm versteckt. Der strenge Sokrates musste ihn erst unter dem Etagenbett hervorziehen, bevor er sie einander vorstellen konnte.

»Das ist der Raubritter Rodrigo Raubein, aber er ist ganz harmlos«, hatte der Papagei gekrächzt, und obwohl Rodrigo keineswegs wollte, dass Papa und Mama Dick sich vor ihm fürchteten, war ihm das auch nicht recht gewesen. Er hatte einen schlechten Ruf zu verlieren und fürchtete – viertens oder schon fünftens –, dass ein schlechter Ruf auf Reisen so schnell verloren ging wie eine Geldbörse.

Doch bei dieser Reise ging es ja nicht um ihn, sondern um den tollkühnen Knirps und also überwand er Angst und Schüchternheit, verscheuchte einen Frosch aus seinem Hals und richtete das Wort an den blätternden Sokrates.

»Das muss ein sehr spannendes Buch sein. Du kannst ja kaum den Blick davon wenden.« In Wahrheit war Rodrigo Raubein ein wenig neidisch. Er hätte sich in diesem Augenblick auch gern in eine Geschichte geflüchtet. Daheim in der Schauderburg tat er das oft, denn oft waren ihm Geschichten lieber als die Wirklichkeit. Doch am allerliebsten waren ihm Geschichten, die er selber erfand. Da hielt man die Fäden in der Hand und musste keine Angst davor haben, wie es weiterging.

Rodrigo Raubein warf einen fast sehnsüchtigen Blick auf die Marionetten, die von der Decke des Puppenwagens baumelten.

Wäre er in einer besseren Lage gewesen – nicht voller Furcht und in eine unbequeme Rüstung gesperrt –, er hätte nicht übel Lust gehabt, mit ihnen zu spielen.

»Ich lese nicht zu meinem Vergnügen«, ließ sich da Sokrates vernehmen. »Ich arbeite.«

»Oh«, sagte der Raubritter. »Das tut mir leid. Ich wollte nicht stören.« Das lästige Visier rauschte herunter. Zögernd klappte Rodrigo Raubein es wieder hoch.

»Macht nichts«, sagte der Papagei jetzt versöhnlicher. »Ich komme ja doch nicht weiter. Es ist wirklich verzwackt!«

Rodrigo Raubein wusste nicht recht, was er darauf sagen sollte. Es war ihm unklar, ob der Papagei reden wollte oder nicht. Also überlegte er eine ganze Weile, bevor er abermals seine Scheu überwand. »Was ist verzwackt?«, fragte er endlich leise.

»Die Geschichte von Knirps!«, krächzte Sokrates sogleich und fing an, das Buch auf dem Küchentisch zu umkreisen. »Ich versuche, sie vorherzusehen. Zu erahnen, wie sie weitergeht. Ich möchte es wissen, bevor Knirps es erlebt. Um dann an einer bestimmten Stelle seiner Geschichte auf ihn zu warten, und zwar noch bevor er selbst diese Stelle erreicht. Verstehst du?« Der Papagei blieb stehen und musterte den Raubritter mit seinen kleinen schwarzen Augen. »Na?«

»Du versuchst herauszufinden, was Knirps als Nächstes tut«, sagte Rodrigo Raubein nach einiger Überlegung.

»Genau!«, krächzte Sokrates und nahm seinen Rundweg um das dicke Buch wieder auf.

»Und was«, fragte Rodrigo Raubein, »hat dieses Buch damit zu tun?« Er hielt sein Visier fest, weil er schon ahnte, dass es drauf und dran war, wieder zuzuklappen. Dieser Teil der Strecke schien ganz besonders uneben zu sein. Der Puppenwagen holperte, als würde er ein erkaltetes Lavafeld überqueren.

Rodrigo Raubeins Blick fiel wieder auf die zahlreichen Marionetten, die im Puppenwagen von der Decke hingen und in diesem Moment umherschwangen, als führen sie Kettenkarussell.

Sokrates machte es, wie es seine Art war, kurz. Er berichtete dem Raubritter von dem uralten Geschichtenbuch, dem Papa Dick die Stoffe für seine Theaterstücke entnahm und aus dem immerhin auch die vielen komplizierten Namen von Knirps stammten, die ihr schon getrost vergessen habt.

»Aber wie kann Knirps' Geschichte in diesem Buch stehen, wenn sie doch gerade erst geschieht?«, wollte Rodrigo Raubein wissen.

»Geschichten ähneln sich«, antwortete darauf der altkluge Papagei. »Und sie ähneln dem, was in Wirklichkeit geschieht.« Hätte Sokrates einen Zeigefinger gehabt, er hätte ihn jetzt erhoben. So hob er ein Bein, um an seinen Zehen die Möglichkeiten abzuzählen, die er für den Fortgang von Knirps' Geschichte erwogen hatte. »Erstens«, sagte Sokrates, »Knirps ist dem schwarzen Ritter begegnet. Das geschieht in Rittergeschichten oft. Und seit du aufgetaucht bist, Raubritter, haben wir es meines Erachtens mit einer Rittergeschichte zu tun.«

Rodrigo Raubein war bei Erwähnung des schwarzen Ritters das Visier heruntergeklappt. Immerhin verbarg es so für einen Augenblick seine Blässe. Sich den schwarzen Ritter vorstellen zu müssen, war ihm ein Graus. Verzagt klappte er das Visier wieder hoch.

»Zweite Möglichkeit«, sagte Sokrates, »Knirps will jemanden berauben. Das halte ich für besonders wahrscheinlich, denn es geht ihm ja darum, ein schweres und gefährliches Verbrechen zu begehen.«

Rodrigo Raubein nickte betroffen. An diesem Plan von Knirps trug allein er die Schuld.

»Dann allerdings«, fuhr Sokrates fort, »stellt sich die Frage, was er rauben möchte.«

»Einen Schatz vielleicht?«, fragte Rodrigo Raubein schüchtern. Das war die nächstliegende Antwort, allerdings schien sie ihm fast ein wenig zu naheliegend zu sein. In guten Geschichten, das war zumindest seine Erfahrung, geschahen oft gerade solche Dinge, die nicht sehr nahelagen.

»Sehr gut!«, krähte Sokrates. »Das war auch mein Gedanke! Nehmen wir also an, er raubt einen Schatz. Die nächste Frage wäre dann: Wem raubt er diesen Schatz? Bedenke, es muss nicht nur ein schweres, sondern auch ein gefährliches Verbrechen sein!«

Rodrigo Raubein hätte sich gern, wie es beim Nachdenken viele Menschen tun, den Kopf gekratzt. Leider trug er den Helm und musste darauf verzichten. »Ein Schatz«, wiederholte er nachdenklich und nickte nun, statt sich zu kratzen. »Schätze werden oft von grimmigen Zwergen bewacht.«

»Ausgezeichnet!« Sokrates wackelte mit einem Zeh. »Ein böser Zwerg! Oder …«

Rodrigo Raubeins Blick wanderte abermals zu den baumelnden Marionetten hinauf, unter ihnen ein nachtschwarzer …

»Ein Drache!«, rief der Raubritter und fuhr dann vor Schreck zusammen. Wollte der arme Knirps sich etwa in eine Drachenhöhle wagen? Waren sie – er, Sokrates, die Dicks, der Puppenwagen – somit etwa auch zu einer Drachenhöhle unterwegs?

»Du bist nicht zufällig mit einem Drachen bekannt, den wir aufsuchen könnten?«, erkundigte sich Sokrates. »Oder mit einem grimmigen Zwerg?«

Rodrigo schüttelte heftig den Kopf, woraufhin abermals sein Visier heruntersauste.

»Schade«, sagte Sokrates, und durch den schmalen Spalt in

seinem Visier sah Rodrigo, wie sich der Papagei kopfschüttelnd wieder über sein uraltes Buch beugte. »Wie, zum Teufel«, murmelte Sokrates, »geht diese Geschichte nur weiter?«

Bald darauf erreichte Papa Dicks Puppentheater den Rand des Bangewalds – so wie vor ihm Knirps. Papa Dick zügelte die Esel Dolly, Willy und Ully auf einem euch wohlbekannten Hügel. Die Glöckchen, die am Zaumzeug und den Zügeln der drei Esel hingen und die die Wurzelgnome, Sumpfdruden und Kobolde im Bangewald mit ihrem Bimmeln fast verrückt gemacht hatten, verstummten. Im Innern des Puppenwagens hörten Pfannen, Töpfe und Kochlöffel zu klappern auf. Und sogar die Marionettenpuppen, die von der Decke und den Gestellen hingen, hielten still – ganz so, als wüssten auch sie nicht, wie weiter. Es war ein sonderbarer Moment, und Sokrates, der nach langer Zeit zum ersten Mal von seinem Geschichtenbuch aufsah, hatte das Gefühl, es wäre ein Moment der Entscheidung.

»Mach mir die Tür auf«, sagte er zu Rodrigo Raubein, und kaum dass der Raubritter sich mit knirschender Rüstung von Mama und Papa Dicks breitem Bett erhoben hatte und Sokrates' Bitte nachgekommen war, flatterte der kleine bunte Papagei aus ebenjener Tür, aus der an einem stürmischen Mittwoch auch Knirps verschwunden war.

Sokrates freilich flog nur bis zu seinem Ausguck, dem blechernen Schornstein auf dem Puppenwagendach. Von dort fiel sein strenger Papageienblick auf ebenjenes liebliche Tal, auf das zuvor schon der Blick von Knirps gefallen war. Und wie Knirps sah Sokrates auf sanft geschwungene Hügel und sich darüber windende Wege, an deren Rändern sich in einer milden Brise bauschige Büsche wiegten. Und wie Knirps entdeckte Sokrates eine fürstlich weiße Kutsche auf einem der Wege.

Allerdings wurde die Kutsche nicht mehr von vier fürstlichen Schimmeln gezogen. Sie wurde auch nicht länger von einem Fähnlein Ritter begleitet. Keines der vier Räder mit den goldenen Speichen drehte sich noch, und es saß auch niemand mehr auf dem Kutschbock. Stattdessen hing die Deichsel nutzlos herab und die Kutsche stand still. Ganz offensichtlich war sie verlassen worden.

Sokrates musterte sie von seinem Ausguck lange und ausführlich – noch länger und ausführlicher, als es Mama und Papa Dick und der gerüstete Rodrigo Raubein taten, die mittlerweile stumm bis zum Rand des Hügels vorgetreten waren. Vermutlich dachten sie alle vier dasselbe. Vermutlich dachten sie alle an den furchtlosen Knirps und sein schweres und gefährliches Verbrechen.

Sokrates löste sich als Erster aus der allgemeinen Starre. »Ihr bleibt hier oben«, krächzte er den Dicks zu. »Und wir« – das war an den Raubritter Rodrigo Raubein gerichtet – »besehen uns diese Kutsche aus der Nähe.« Und damit flatterte der Papagei den Hügel hinab, während Rodrigo Raubein ihm nach kurzem Zögern nachsetzte.

Im Allgemeinen können Raubritter nicht fliegen, Rodrigo Raubein im Besonderen konnte in seiner Rüstung zudem nur schlecht laufen. Knirschend und klappernd und wegen des losen Visiers mit nur eingeschränkter Sicht ging es für ihn den Hang hinab. Außerdem vermisste Rodrigo Raubein – derart auf die verlassene Kutsche zuschlitternd – Schwert, Schild und seine Kakteen zu Hause. Um Himmels willen! Worauf hatte er sich da nur eingelassen?

Als er – verschwitzt, atemlos und in kneifender Rüstung – die Kutsche endlich erreichte, hatte Sokrates sie schon mehrfach fliegend umrundet und dabei, wenn Rodrigo Raubein den

Papageienblick richtig deutete, eine bestürzende Entdeckung gemacht.

»Sieh dir das an«, krächzte Sokrates nur, und diesmal krächzte er nicht bloß, weil Papageien eben krächzen. Diesmal war seine Stimme belegt.

Der Papagei landete auf Rodrigo Raubeins in Blech gehüllter Schulter und zusammen umrundeten sie die Kutsche und starrten auf die Kutschenwand.

LANG LEBE DER RAUBRITTER RODRIGO RAUBEIN!

So stand es in schlammig schwarzen Großbuchstaben auf der weißen Kutsche, und noch während Rodrigo Raubein las, begann sein Herz zu rasen. Eine splitterfasernackte Angst stieg in ihm auf, und sein Visier klappte herunter, aber ihm war ohnehin schon schwarz vor Augen gewesen.

Du lieber Himmel! Da stand sein Name auf einer Kutsche, die offensichtlich Schauplatz eines schweren Verbrechens gewesen war. Mit den Grabsteinen auf seinem Felsenpfad war das nicht zu vergleichen. Niemand wollte sich an Rodrigo Raubein rächen, weil er den Ritter Bogumil Drohmir erschlagen hatte, denn in Wirklichkeit hatte es ja niemals einen Ritter Bogumil Drohmir gegeben. Diese Kutsche aber gehörte jemandem, den es in Wirklichkeit gab – und dieser Jemand war, wie Rodrigo Raubein aus dem prachtvollen Wappen schloss, zu allem Überfluss auch noch ein König. Gewiss würde er Rodrigo Raubein nicht zu Kamillentee mit Honig einladen, wenn er erfuhr, wessen Name auf seiner ausgeraubten Kutsche stand.

Wäre Rodrigo Raubein ein anderer Mann gewesen, hätte er sogleich den Papagei von seiner Schulter gerupft und mit dessen Federkleid die Schrift von der Kutsche gewischt. Der Mann, der

Rodrigo Raubein war, rief aber bloß: »Sokrates! Bitte! Ich brauche ein Taschentuch!«

Wie ihr euch denken könnt, hatte der Papagei kein Taschentuch. Doch es war ohnehin zu spät. Denn kaum dass Sokrates den Raubritter Rodrigo Raubein zur beschmierten Kutschenwand geführt hatte, sah er ein Grüppchen Reiter nahen. Es mochte ein Fähnlein Ritter oder eine Jagdgesellschaft sein – in jedem Fall, so befand der nüchterne Papagei, war es viel zu gefährlich, vor der Kutsche stehen zu bleiben. Denn wer immer an diesem Ort von den nahenden Reitern aufgegriffen würde, geriete ja sogleich in Verdacht, die Kutsche ausgeraubt zu haben – und das galt insbesondere dann, wenn man zufällig Rodrigo Raubein und von Beruf Raubritter war.

»Da kommt wer!«, zischte Sokrates also. »Schnell! Wir müssen uns verstecken, bevor sie uns sehen!« Und damit hob er von Rodrigo Raubeins Schulter ab und flog, so schnell er konnte, auf das nächstbeste Buschwerk zu.

Rodrigo Raubein, eigentlich noch mit der schrecklichen Botschaft auf der Kutschenwand beschäftigt, wusste kaum, wie ihm geschah. Er klappte das lose Visier hoch, sah die Reiter nahen und stürzte mit sogleich wieder niedersausendem Visier dem Papagei nach. Denn Sokrates hatte recht. Wenn *Rodrigo Raubein* schon *auf* der Kutsche stand, sollte der echte Rodrigo Raubein nicht auch noch *vor* der Kutsche stehen!

»Schneller, Räuber!«, hörte er Sokrates hinter dem nächstbesten Buschwerk krächzen und wusste sich in seiner Not nicht anders zu helfen, als mit klappernder Rüstung zu einem Hechtsprung anzusetzen. Er landete bäuchlings und knirschend hinter dem Busch – mit verrutschtem Helm und nun verbeulter Rüstung.

»Psst!«, machte Sokrates bloß. Als Rodrigo Raubein sich endlich aus dem Helm befreit hatte, sah er das bunte Federkleid des Papageis zwischen den Ästen des Busches leuchten. »Sie sind fast da«, krächzte Sokrates.

Rodrigo Raubein hörte Hufgetrappel. Er legte sich knirschend zurecht, um durch das Buschwerk zu spähen, was ihm einen ärgerlichen Blick des Papageis eintrug.

Der praktisch veranlagte Sokrates zählte eins, zwei, drei, vier, fünf Pferde. Die Reiter schienen ihm eine Jagdgesellschaft zu sein. Und weil Sokrates, wenn er im Puppenwagen durch die Lande reiste, Augen und Ohren aufzusperren pflegte und manches Mal besser Bescheid wusste als die Bänkelsänger, die im Mittelalter sonst die Nachrichten überbrachten, schwante ihm sogar, wer da gerade angeritten kam.

Von Kilian dem Letzten, der für seinen Trübsinn bekannt war, hatte Sokrates schon gehört. Und wenn der kleine, dicke König, der dort so kraftlos in seinem Sattel hing, Kilian der Letzte war, dann musste es sich bei der ganz in Schwarz gewandeten, hageren Gestalt um den Hofzauberer Rabanus Rochus handeln, der angeblich ein magisches Feuer entfachen und durch die kohlpechrabendustere Nacht fliegen konnte.

Zwei der übrigen Männer hielt Sokrates für Diener, und beim dritten, dem Mann mit dem prächtigen Silberbart, konnte es sich eigentlich nur um den weithin bekannten Medicus Padrubel handeln. Seit Jahren mühte dieser Padrubel sich, so hatte es Sokrates auf manchem Marktplatz gehört, die Melancholie König Kilians zu kurieren.

Vier Pferde wurden gezügelt, das des tatenlosen Königs Kilian trottete einfach aus. Dann war es einen Augenblick still, während die Reiter auf die Kutsche starrten und lasen, was in schlammigen Buchstaben dort stand. Danach fiel es sogar dem aufmerksamen Sokrates schwer, den Überblick zu behalten.

»Majestät!«, rief einer der Diener. »Das ist die Kutsche, die Ihr zur Prinzessin Filippa Annegunde Rosa schicktet! Ganz offenbar wurde die Prinzessin entführt!«

Woraufhin der zweite Diener, ein Kerl mit sehr großen Ohren, auf einmal sehr, sehr laut »OH!« brüllte, weil der König Kilian mit einem ebensolchen, nur viel, viel leiserem »Oh!« ohnmächtig aus dem Sattel sank. Erst als der zweite Diener mit dieser Übersetzung fertig war, sprang er aus dem Sattel und eilte zu seinem ohnmächtigen König, wohin sich nun auch eilends der Medicus Padrubel begab. Sokrates sah, wie der Medicus ein Fläschchen aus der Tasche zog, es entkorkte und dem leidenden König unter die Nase hielt.

König Kilian kam wieder zur Besinnung, freilich nur für kurze Zeit. Denn kaum dass er ein paar Worte gehaucht hatte, fiel er in seine Ohnmacht zurück. Der königliche Kopf war schon wieder in den königlichen Nacken gesunken, als der Hofdiener mit den großen Ohren die königlichen Worte brüllend wie folgt übersetzte: »O GOTT! MEINE FLIP! IN DEN HÄNDEN DES GRAUSEN RODRIGO RAUBEIN!«

Ihr könnt euch vorstellen, wie es Papagei und Raubritter in ihrem Versteck erging. Rodrigo Raubein fühlte sich so entsetzlich wie der König. Er hatte großes Mitleid – mit dem König, der Prinzessin und sogar mit dem unseligen Knirps – und noch größere Angst. Sokrates hingegen wusste kaum, wohin mit seiner Papageienwut. Er hätte sich keine schlimmere Wendung für diese Geschichte vorstellen können. Schlimmer als schlimm: Er hatte sich diese Wendung gar nicht vorgestellt. Er hatte bei seinem Versuch, Knirps' Geschichte vorherzusehen, weder mit einer entführten Prinzessin noch mit einem melancholischen König noch mit einem Zauberer gerechnet, der sich im Schatten der Kutsche klammheimlich die Hände rieb.

Achtes Kapitel

in welchem die Prinzessin Flip dem Rodrigo Raubein auf die Schliche kommt

Hätte Knirps die entführte Prinzessin auf dem einfachsten Weg zur Schauderburg gebracht, er wäre auf dem schmalen Pfad durch den Bangewald gewiss Papa Dicks Puppentheater begegnet.

Schon von Weitem hätte er die Glöckchen am Zaumzeug der Esel gehört und wenig später hätte er den Puppenwagen über allerlei knotige Wurzeln auf sich zurumpeln sehen. Auf dem Kutschbock hätte er Mama und Papa Dick erkannt, und dann wäre er, nachdem ihn Mama Dick in die Arme geschlossen und Papa Dick eine Freudenträne verdrückt hätte, im Innern des Puppenwagens zu seiner Überraschung auf einen gerüsteten Rodrigo Raubein gestoßen.

Und all das wäre sehr im Sinne von Sokrates gewesen, denn

es hätte die Geschichte des Knirps viel kürzer und einfacher gemacht. Aber Knirps war eben Knirps: Er mochte keine einfachen Wege.

Die Prinzessin Flip an der Hand, bahnte er sich einen Weg durch den Bangewald, wo noch niemand vor ihm gegangen war, während die Dicks den Puppenwagen über den einzigen Pfad durch den Bangewald lenkten, der wenigstens ein bisschen ausgetreten war. Und so kam es, dass Knirps und Rodrigo Raubein sich verpassten. Der Puppenwagen war ungehindert auf ebenjene Kutsche zugerumpelt, die Knirps und die Prinzessin Flip zuvor verlassen hatten. Was Rodrigo Raubein und Sokrates, der geschichtenkundige Papagei, dort erlebten, wisst ihr schon. Was Knirps und Flip erlebten, wisst ihr aber noch nicht.

Nun, zunächst einmal gingen sie den Sumpfdruden, Wurzelgnomen und Kobolden, die den vormals einsamen Bangewald allmählich für eine Hauptverkehrsstraße hielten, gehörig auf die Nerven. Knirps trat manchem Sumpfdruden zum zweiten Mal auf den Kopf, und Flip war noch besser als Knirps darin, achtlos einen Ast zurückschnellen zu lassen und so einen Kobold von den Koboldfüßen zu holen. Auf ihrem Weg durch den Bangewald waren die beiden so sehr in ihr Gespräch vertieft, dass sie sämtliche Drudenflüche überhörten.

Knirps sprach, wie ihr euch vielleicht denken könnt, vom Raubritter Rodrigo Raubein. Voller Bewunderung erzählte er Flip, was ihm zuvor der Raubritter erzählt hatte. Er erzählte von einem Kartenspiel, bei dem es Rodrigo Raubein gelungen war, den Teufel höchstpersönlich zu überlisten. Er erzählte von Rodrigo Raubeins wildem Ritt auf einem Seeungeheuer und er erzählte von Rodrigo Raubeins fabelhaftem Saufgelage mit den drei Eisriesen vom Nordpol.

Flip allerdings war eine furchtlose Zuhörerin. Sie hörte sich

alle Geschichten bis zu Ende an, um dann über das Seeungeheuer, die Eisriesen und sogar über den Teufel zu lachen. »Und all diese Geschichten«, sagte sie schließlich zu Knirps, »hast du geglaubt?«

Mitten im Bangewald, nur einen Schritt weit von einem in seinem Sumpfloch blubbernden Druden entfernt, blieb Knirps plötzlich stehen. Er war so hin- und hergerissen, dass er einfach nicht weitergehen konnte.

Ein Teil von ihm wollte der Prinzessin im Brustton der Überzeugung versichern, dass einer wie er doch nicht an Seeungeheuer und Eisriesen glaube, obwohl Knirps das sehr wohl tat.

Ein anderer Teil von Knirps aber wollte mehr noch als an Seeungeheuer oder Eisriesen an den Raubritter Rodrigo Raubein glauben, weshalb Knirps der Prinzessin gar nichts versicherte, sondern sie zum Missfallen des nahebei blubbernden Sumpfdruden wütend anbrüllte.

»Nennst du Rodrigo Raubein etwa einen Lügner?«, brüllte Knirps und wurde im schmutzigen Gesicht dabei so rot wie sein Haar. »Hast du vergessen, dass ich sein Knappe bin?«

Die schlaue Flip lachte nur deshalb nicht, weil sie Knirps nicht noch schlimmer verletzen wollte, als sie ihn offenbar schon verletzt hatte.

Sie wollte sich aber auch nicht widerspruchslos anbrüllen lassen. Also sagte sie: »Erstens bist du gar nicht Rodrigo Raubeins Knappe. Du willst es erst werden. Und zweitens: Ich habe nicht gesagt, dass Rodrigo Raubein lügt. Ich habe gesagt, dass er Geschichten erzählt. Das ist nicht dasselbe.« Flip verschränkte die Arme vor der Brust.

»Nicht?«, fragte Knirps verdutzt und ließ die Schultern hängen. Obwohl er der Sohn eines Puppenspielers war, hatte er sich darüber niemals Gedanken gemacht.

»Nein«, sagte Flip und fasste Knirps versöhnlich am Arm, um ihn weiterzuziehen. »Wer lügt, sagt mit Absicht die Unwahrheit über etwas, das in Wirklichkeit ganz anders ist. Wer eine Geschichte erzählt, sagt hingegen die Wahrheit, selbst wenn er die Wirklichkeit dabei ein bisschen verdreht. Er sagt auf eine komplizierte Weise die Wahrheit. Obwohl er es manchmal selber nicht weiß.«

Darüber musste Knirps erst einmal nachdenken, aber wie so oft kam er beim Nachdenken nicht sonderlich weit. Als er die fünf schiefen Türme der Schauderburg entdeckte, hatte er schon lange vergessen, über Wahrheit und Lüge zu grübeln, und stattdessen über Seeungeheuer, Eisriesen, Raubritter und entführte Prinzessinnen nachgedacht.

Und kaum dass er die fünf schiefen Türme der Schauderburg ausmachte, sah er sich schon vor Rodrigo Raubein stehen und ihm die Prinzessin vorstellen. Denn Knirps war fürchterlich stolz auf Flip. Dass sie eben noch gestritten hatten, hatte er auch schon lange vergessen.

Zusammen liefen die beiden den schmalen Felsenpfad hoch, der sich in kuriosen Windungen den Haarzuberg hinaufwand. Knirps hatte allein das Burgtor im Blick. Flip betrachtete die an die Felswand geschmiedeten Skelette und die grausigen Steinkreuze und Grabplatten am Wegesrand. Es traf sich, dass sie mit Knirps zuvor über Wahrheit, Lüge und die Geschichten dazwischen diskutiert hatte, denn sie las die Inschriften auf den Grabplatten wie Bücher. Und weil sie nicht nur eine furchtlose Zuhörerin, sondern auch eine furchtlose Leserin war, fühlte sie sich von Rodrigo Raubeins in Stein gemeißelten Schauergeschichten gut unterhalten.

Sie stellte sich den Riesen Untam Menuwel vor, den Rodrigo Raubein auf dem Haarzuberg angeblich zur letzten Ruhe gebettet hatte. Sie überlegte, mit welchen seiner vierzehn Köpfe der von Rodrigo Raubein vierzehnfach enthauptete Lindwurm Lassmich wohl am liebsten nachgedacht hatte. Sie fragte sich, wieso der Ritter Drohmir wohl Drohmir hieß, und wunderte sich über Rodrigo Raubeins komische Idee, die sterblichen Überreste der Berserker-Bande ausgerechnet in einem Blumentopf zu bestatten.

»Mag dein Raubritter Blumen?«, fragte sie schließlich, als die beiden die morsche Zugbrücke erreicht hatten.

»Er züchtet Kakteen«, antwortete Knirps, ohne sich etwas dabei zu denken. »Er gibt ihnen sogar Namen.« Er klopfte sich das bunte Harlekinskostüm ab, wenngleich das seit seinem Bad im Sumpfdrudenloch nicht mehr viel half. »Die arme Tusnelda«, erklärte er, »habe ich aus Versehen umgeworfen. Zum Glück hat Onkel Roddi sie retten können. Ihr Blumentopf war zerbrochen.«

»So, so«, sagte die kluge Flip und folgte Knirps über die knackende Zugbrücke. Zusammen sprangen sie über die fehlende Planke und standen vor dem großen Tor.

»Hier«, erzählte Knirps stolz, »habe ich geschlafen. Beinahe hätte ich deshalb Lungenentzündung bekommen. Aber Onkel Roddi hat mir Kamillentee gekocht und mich ins Bett gesteckt.«

»So, so«, sagte die kluge Flip wieder und sah zu, wie Knirps nach dem Türklopfer in Gestalt einer Teufelsfratze griff. Rodrigo Raubein kam ihr, noch bevor sie ihm zum ersten Mal begegnet war, wie ein höchst sonderbarer Raubritter vor. Denn Raubritter, die Knirpse gesund pflegten, Kakteen tauften und mit Hammer und Meißel Schauergeschichten schrieben, waren doch gewiss nicht die Regel.

Knirps bewegte den dicken Eisenring im Maul der Teufelsfratze und klopfte. Das Klopfen hallte im Innern der Burg wider.

Sonst blieb es mucksmäuschenstill. Also rief Knirps durch die hohlen Hände. »He, hallo! Onkel Roddi! Ich bin es, Knirps! Ich bin von meinem schweren und gefährlichen Verbrechen zurück! Ich habe es sogar mitgebracht! Können wir bitte reinkommen?«

Aber keine Antwort war zu hören, und warum niemand kam, das wisst ihr besser als Flip und Knirps.

»Vielleicht ist es offen«, sagte Flip und drückte kurzerhand gegen das Tor. Knarrend schwang der Torflügel zur Seite.

Knirps konnte sich gar nicht genug wundern. »Komisch!«, rief er. »Onkel Roddi vergisst sonst nie abzuschließen. Sein Schlüsselbund ist so schwer, dass sogar ich ihn nur mit Mühe tragen kann!«

Diesmal sagte Flip nicht »So, so«. Stattdessen bestaunte sie, während Knirps das Burgtor pflichtbewusst wieder zuschob, Rodrigo Raubeins Gemüsebeete im Innenhof.

»Onkel Roddi?«, rief Knirps wieder durch die hohlen Hände. Als immer noch niemand antwortete, wandte er sich entschuldigend an Flip. »Vielleicht ist ihm langweilig geworden, während er auf mich wartete, und er ist schnell losgezogen, um selbst ein Verbrechen zu begehen. Bestimmt will er nicht aus der Übung kommen.« Er sah sich um. »Nun ja, das macht nichts. Ich kenne mich bei Onkel Roddi aus.« Und damit nahm er Flip an der Hand und stieg mit ihr die Wendeltreppe zu Rodrigo Raubeins Gemach im Südturm hinauf.

Im Turmzimmer angekommen, bewunderte Flip die Kakteen, während Knirps Kamillentee kochte, reichlich Honig zugab und zu ihrem Glück auch noch die Bratkartoffeln vom Vortag entdeckte. Knirps und Flip aßen und ruhten sich aus, und dann, weil Rodrigo Raubein noch immer nicht zurückgekehrt war, machte sich Knirps daran, Flip die Schauderburg zu zeigen, und zwar die Waffenkammer mit den Helmen, Schilden, Schwertern, Keulen und Panzerhandschuhen zuallererst.

Und weil sich gleich nebenan die Kleiderkammer befand, nutzte Flip die Gelegenheit und tauschte ihr türkisgrünes Kleid gegen ein altes Räuberwams und eine alte Räuberhose. Das schien ihr angesichts der bevorstehenden Abenteuer praktischer zu sein.

Knirps allerdings gefiel ihr neues Gewand überhaupt nicht. »Jetzt siehst du gar nicht mehr wie eine Prinzessin aus«, beschwerte er sich. Es sollte ja niemand denken, er hätte eine gewöhnliche Räubertochter entführt.

Aber Flip konnte ihn beruhigen. »Keine Sorge«, sagte sie. »Ich bin Prinzessin durch und durch, ganz gleich, wessen Kleider ich trage.«

Und damit hatte sie sehr recht. Anders als Papa Dick, der nur Puppenspieler war, weil ihm nichts anderes einfiel, und anders als Rodrigo Raubein, der den Raubritter nur vorstellte, weil er sich nicht traute, etwas anderes zu sein, und anders als Rabanus Rochus, der nur ein Zauberer zu sein vorgab, weil er seine bösen Pläne anders nicht verfolgen konnte, war Flip weder aus Einfallslosigkeit noch aus Angst und schon gar nicht aus böser Absicht Prinzessin. Sie war Prinzessin, weil es ihr gefiel. Und sie war es immer und mit jeder Faser, was das Allerbeste ist.

Knirps murmelte scheu eine Entschuldigung, bevor er ein Grinsen unterdrückte, weil ihm Flips Antwort so gut gefiel. Dann griff er nach ihrer Hand, um sie mit dem klimpernden Schlüsselbund weiter in der Schauderburg herumzuführen. Zusammen streiften sie durch staubige Gemächer und lange Galerien, an halb vermoderten Wandteppichen und nachgedunkelten Ahnenbildern vorbei und verharrten lange in einem über und über mit Spinnweben verhangenen Saal, auf dessen Bühne Rodrigo Raubeins ruppige Vorfahren einst Bänkelsänger und Puppenspieler gezwungen hatten, sie während ihrer Zechgelage zu unterhalten. Doch der fadenscheinig gewordene Vorhang öffnete sich nicht und schließlich fanden sich Knirps und Flip im sonnigen Innenhof wieder.

»Und jetzt?«, fragte der ratlose Knirps, enttäuscht, dass der Raubritter Rodrigo Raubein nach so vielen Stunden noch immer nicht erschienen war.

»Jetzt schauen wir uns die Stallungen an«, sagte Flip und verschwand an den einen, einzigen Ort, den Rodrigo Raubein vor dem neugierigen Knirps immer verborgen hatte: die Gipswerkstatt!

Knirps verstand zunächst gar nicht, wo er da war. Er stand tatenlos und sich den roten Schopf kratzend herum, während der getrocknete Matsch aus dem Sumpfdrudenloch auf den Fußboden rieselte und Flip Rodrigo Raubeins Geheimnisse in Augenschein nahm: gipserne Totenköpfe und gipserne Brustkästen und dazu alles, was man brauchte, um sie herzustellen. Flip lugte in den Zuber und steckte den Finger in den angebrochenen Sack Gips. Sie öffnete den großen herrschaftlichen Schrank, in dem sich Rodrigo Raubein vor Sokrates, dem Papagei, versteckt hatte, fand allerlei Kellen und andere Werkzeuge und dachte sich ihren Teil. Auf einmal wusste sie alles, nur wie sie es Knirps sagen sollte, wusste sie nicht.

Knirps hatte unterdessen einen gipsernen Schädel vom Tisch genommen, der Rodrigo Raubein fürchterlich missraten war. Er drehte und wendete ihn in den schmutzigen Händen und überlegte laut, ob es sich wohl um den geschrumpften Schädel eines Drachen handeln könne, den Rodrigo Raubein in einem tollkühnen Kampf erschlagen hatte.

»Ich glaube nicht«, sagte Flip leise. »Ich glaube, zu seinen Lebzeiten war dieser Schädel ein Sack Gips.«

Knirps sah sie verständnislos an. Dann legte er den Schädel erschrocken auf den Tisch und trat einen Schritt zurück.

»Knirps«, sagte Flip, »du musst jetzt ganz stark sein, denn was ich dir zu sagen habe, wird dir nicht gefallen. Obwohl ich finde, dass es dir eigentlich gefallen sollte.«

Knirps hatte plötzlich einen so dicken Frosch im Hals, dass er darauf gar nichts sagen konnte.

»Knirps«, begann Flip noch einmal, denn was sie zu sagen hatte, fiel ihr zu sagen nicht leicht. »All die Schädel und Knochen, die du hier siehst, hat dein Onkel Roddi selbst gebastelt.«

Der furchtlose Knirps sah sie mit großen Augen an.

»Genauso«, fuhr Flip fort, »wie die Skelette auf dem Felsenpfad. Sie sind allesamt aus Gips und stammen aus dieser Werkstatt. Und die Gräber am Wegesrand, lieber Knirps, sind alle leer. Der Lindwurm Lassmich, die Berserker-Bande, der Ritter Drohmir ... dein Onkel Roddi hat sie alle erfunden.«

Knirps sank auf den gipsverschmierten Stuhl, auf den nicht lange zuvor auch Rodrigo Raubein gesunken war. »Onkel Roddi hat den Ritter Bogumil Drohmir gar nicht erschlagen?«, fragte er enttäuscht.

Flip schüttelte den Kopf.

»Und auch nicht den Riesen Untam Menuwel?«

Flip schüttelte wieder den Kopf.

»Und das Seeungeheuer hat er auch nicht zugeritten?« Langsam begann es Knirps zu dämmern. Er begann das Ausmaß von Rodrigo Raubeins Schaustück zu verstehen.

Flip zog bedauernd die Stirn kraus. »Lieber Knirps«, sagte sie. »So wie ich es sehe, hat sich dein Onkel Roddi hinter lauter selbst ausgedachten Grausamkeiten verschanzt, um seine

Ruhe zu haben. Er tut nur so, als ob er ein echter Raubritter wäre.«

»Dann hat er auch nicht die Eisriesen unter den Tisch getrunken?«, fragte Knirps.

»Nein«, sagte Flip leise. »Aber er hat den Kaktus Tusnelda gerettet, obwohl ihr Topf zerbrochen war. Und er hat dich gepflegt, damit du keine Lungenentzündung bekommst.«

Auf seinem gipsverschmierten Stuhl zuckte Knirps mit den Achseln. »Und die Knappenprüfung?«, fragte er. »Mein schweres und gefährliches Verbrechen?«

»Ich weiß es nicht«, sagte Flip. »Aber vielleicht hat er sich einfach nicht anders zu helfen gewusst. Du kannst ja ziemlich entschlossen sein, nicht wahr? Ich stelle mir vor, du hast ihn ganz schön bedrängt. Und wo hätte er hinsollen mit einem kampfeslustigen Knappen? Da hat er sich deine Probe auf die Schnelle ausgedacht. Wer weiß, ob er es nicht schon bereut?«

Knirps nickte mit gesenktem Kopf. In seinem schmutzigen Harlekinskostüm war er für einen Augenblick ein sehr trauriger Clown. »Aber, Flip!« Kaum dass der Augenblick verstrichen war, riss er den Kopf wieder hoch. Die Traurigkeit war verflogen, an ihre Stelle trat ein für Knirps ganz unbekanntes Gefühl.

Sein sonst so tapferes Herz flatterte.

In seinem Magen machte sich ein flaues Gefühl breit.

Es wurde ganz eng in seiner Brust und seine Finger zitterten auf einmal.

Knirps wusste es nicht, aber zum ersten Mal in seinem Leben hatte er Angst!

Er hatte Angst um Rodrigo Raubein!

»Aber, Flip!«, rief er wieder und diesmal stolperten die Worte aus seinem Mund. »Wenn Onkel Roddi gar nicht als Raubritter arbeitet, dann hätte ich ja niemals seinen Namen an die Kutsche schreiben dürfen! Dann habe ich ihm zu Ehren ein schweres und gefährliches Verbrechen begangen, obwohl er selbst gar keine schweren und gefährlichen Verbrechen begeht, sondern viel lieber Kakteen züchtet! Dann ist er gerade gar nicht auf Raubzug, sondern ...«

Vielleicht wollte Knirps »verhaftet« sagen oder »auf der Flucht«, genau lässt sich das nicht mehr ergründen, denn bevor er seinen Satz zu Ende sprechen konnte, hallte eine tiefe, strenge Stimme durch den Innenhof. Jemand stand vor dem Burgtor und brüllte.

»Raubritter Rodrigo Raubein! Öffnet das Tor und gebt die Prinzessin Filippa Annegunde Rosa heraus!«

Knirps riss entsetzt die Augen auf. Flip legte den Kopf schief und hörte neugierig zu. Wenn sie es recht verstand, standen da die Ritter des Königs vor dem Tor und wollten sie befreien. Und nicht anders, fand sie, gehörte es sich, wenn eine Prinzessin fehlte.

»Raubritter Rodrigo Raubein!«, schallte es wieder über den Hof. »Wir sind hier im Auftrag König Kilians des Letzten! Öffnet das Tor und ergebt Euch! Wir sind eine unbesiegbare Rittermacht!«

»Und das Tor ist nicht einmal abgeschlossen!«, stammelte Knirps. Er hatte jetzt gar keine Lust mehr, die Ritter des Königs wie Würstchen aufzuspießen. Viel lieber wollte er sie um Gnade für Rodrigo Raubein bitten!

Was hatte er da nur angerichtet! In was für eine schlimme Lage hatte er Onkel Roddi gebracht! Aber zum Glück: Onkel Roddi war nicht da. Er konnte das noch in Ordnung bringen.

Knirps sprang vom Stuhl auf.

»Nur die Ruhe«, sagte da Flip. »Sie wissen ja nicht, dass das Tor nicht abgeschlossen ist.«

»Aber sie werden es herausfinden!«, rief Knirps. »Flip! Ich werde jetzt mit dir zum Tor gehen und mich den Rittern des Königs stellen. Ich möchte Onkel Roddi nicht in Schwierigkeiten bringen!«

»Die Schwierigkeiten hat er schon«, sagte Flip. »Immerhin hat er dich angestiftet. Und außerdem will ich nicht, dass du verhaftet wirst. Bestimmt würden sie dich in den Kerker werfen. Möchtest du das?«

Draußen hämmerten König Kilians Ritter gegen das Tor. Glücklicherweise hämmerten sie gegen die verriegelte Seite.

Knirps schüttelte den Kopf. Dann sank er wieder auf seinen gipsverschmierten Stuhl zurück. Er hatte nicht gewusst, dass Angst lähmen konnte. Kein Wunder, er hatte ja gar nichts über die Angst gewusst. »Aber was sollen wir dann tun?«, fragte er.

»Türmen«, sagte Flip mit einer Entschlossenheit, wie sie wohl nur angstfreie Knirpse und selbstbewusste Prinzessinnen aufbringen können. »Ich kann mir nicht vorstellen, dass dein Onkel Roddi und seine Vorfahren für einen solchen Fall nicht vorgesorgt haben. Bestimmt gibt es einen geheimen zweiten Ausgang!« Als Prinzessin hatte Flip schon so manche Burg von innen gesehen und alle hatten sie geheime Ausgänge gehabt. Denn die meisten Burgbesitzer lebten im Mittelalter gefährlich. Dazu mussten sie keine Raubritter sein.

Flip nahm den schreckstarren Knirps an der Hand. Und dann zog sie ihn aus der Gipswerkstatt und über den Innenhof in den einzigen schiefen Turm, den Rodrigo Raubein noch bewohnte.

Und es war wirklich höchste Zeit, denn kaum dass Flip Knirps auch die Kellerstiege hinunterschleifte, platzten König Kilians Ritter in den Innenhof. Sie hatten mit viel Schwung und einem Rammbock das Burgtor aufgesprengt, was, weil das Tor ja gar nicht abgeschlossen war, nur dazu führte, dass sie kreuz und quer in Rodrigo Raubeins Gemüsebeete purzelten. Und bis sie sich, mit viel Sand in den Scharnieren, wieder aufgerappelt hatten, waren Flip und Knirps schon tief unten in den Kellergängen der Schauderburg. Eine Fackel hatten sie nicht, sie liefen durch eine kohlpechrabendustere Dunkelheit, die nach Moos und Modder roch.

»Woher weißt du, dass es hier einen geheimen Ausgang gibt?«, wollte Knirps nach einer Weile wissen.

»Ich weiß es nicht«, sagte Flip. »Aber ich kann es mir denken. In den allermeisten Burgen geht es hinten durch den Keller hinaus. Je dunkler so ein Ausgang ist, desto besser. Es soll einen ja niemand beim Hinausschleichen sehen.« Und damit führte sie ihren Entführer durch den langen, dunklen Tunnel seiner ersten Angst, bis ihnen endlich ein Licht entgegenschien. Schließlich kletterten sie über einen Sturz aus Geröll und Felsen ins Freie.

Flip hatte mit allem recht behalten, dachte Knirps, denn sie fanden sich in einer tiefen, von Gestrüpp überwucherten Schlucht wieder: hinter sich die schwarzen Felsen des Haarzubergs, auf denen die Schauderburg thronte, und vor sich die wilden Hänge des Bangewalds.

Und kaum dass er an der frischen Luft war und das Sonnenlicht auf seinen Wangen spürte, war Knirps schon beinahe wieder der Alte. Denn so ist das mit der Angst: Hat man sie, beherrscht sie alles. Ist man sie los, war sie ein Nichts.

»Und jetzt«, sagte Knirps, »suchen wir Onkel Roddi. Verhaftet ist er offenbar noch nicht, also können wir ihn warnen.« Und zum ersten Mal, seit er Rodrigo Raubeins Gipswerkstatt betreten hatte, kam er sich wieder wie der Knappe eines Raubritters vor.

Neuntes Kapitel

in welchem dringend etwas zum Lachen gesucht wird

Erst war es Abend geworden, dann wurde es Nacht, und wenn ihr euch jetzt fragt, wo eure Freunde unterkamen, keine Sorge, sie hatten sich alle ein Plätzchen gesucht. Knirps und Flip waren mitten im Bangewald in einem hohlen Baum untergekrochen. Dort sahen sie den Irrlichtern zu, bis der Schlaf sie übermannte.

»Morgen ist auch noch ein Tag«, sagte Flip vor dem Einschlafen.

»Und morgen finden wir Onkel Roddi«, sagte Knirps, der sich beim besten Willen nicht hätte vorstellen können, dass Rodrigo Raubein in diesem Augenblick mit Sokrates und Mama und Papa Dick beim schwachen Licht der Ölfunzel im Puppenwagen saß und beratschlagte.

Nur das Königsschloss Kilians des Letzten strahlte aus allen

Fenstern. Es hat schon seinen Grund, dass man, wenn alles drunter und drüber geht, von heller Aufregung spricht.

Überall im Schloss eilten Diener durch hell erleuchtete Wirtschaftsräume und über hell erleuchtete herrschaftliche Treppen. Musiker trugen ihre Instrumente in einen von Kerzenleuchtern erhellten Saal. Der königliche Sterndeuter im Nordturm verfasste eine Abhandlung über den Saturn, den melancholischsten aller Himmelskörper. Der königliche Koch bereitete weiße Speisen, in denen sich nichts Schwarzes, also nicht einmal ein Pfefferkorn fand. Und der königliche Bademeister bereitete in aller Eile heiße Bäder, denn im Mittelalter glaubte man, die Melancholie sei schwarz und trocken und kalt, weshalb man sie mit Weißem und Wasser und Wärme bekämpfte. Und weil König Kilian seit der Entführung Filippa Annegunde Rosas am schlimmsten melancholischen Anfall seiner langen Krankengeschichte litt, konnten die weißen Speisen und warmen Bäder gar nicht schnell genug herbeigeschafft werden. Und natürlich spielte das Orchester im großen Saal allein, um König Kilian aufzuheitern. Die Geiger fiedelten um sein Leben, den Einsatz der Pauke hatte der weise Hofmedicus Padrubel untersagt.

Padrubel dirigierte das Geschehen. Er prüfte das Badewasser und kostete die weiße Suppe und war doch von Zweifeln geplagt, weil die Genesung des Königs keine Fortschritte machte.

König Kilian lag mit geschlossenen Augen in einem goldenen Zuber, den man gleich neben die Kissengruft seines Betts gerückt hatte. Er wurde mit der weißen Suppe gefüttert und sagte doch kaum mehr als »Ach je«, was sein Leibdiener jedes Mal getreu mit einem brüllend lauten »ACH JE!« übersetzte. Dann hallte der königliche Seufzer durch die Säle und über die Treppen bis in die letzten Winkel der Wirtschaftsräume, und Diener, Koch, Bademeister und Astrologe warfen sich, wo sie einander begegneten, sorgenvolle Blicke zu. »Die schwarze Galle!«, murmelten sie verschwörerisch.

Denn so war das im Mittelalter, unvorstellbar lange bevor eure Großeltern Kinder waren. Therapeuten, Psychologen und Seelendoktoren gab es so wenig wie elektrisches Licht, und wenn jemand immer traurig und mutlos war, wurde ihm nachgesagt, zu viel schwarze Galle im Körper zu haben und zu wenig anderen Saft.

Der weise Medicus Padrubel war davon allerdings nicht restlos überzeugt, er hatte die weiße Suppe und das heiße Bad nur deshalb verschrieben, weil sie nicht schaden konnten. Persönlich glaubte er mehr an die heilsame Wirkung der Kunst. Er hatte gar schon überlegt, dem König zur Behandlung etwas vorzulesen, am besten etwas Komisches. Doch noch war er zu keinem Schluss gekommen. Noch lief er im königlichen Schlafgemach auf und ab und fühlte sich beim Nachdenken empfindlich gestört, als einer der königlichen Diener Besuch ankündigte.

»Der königliche Hofzauberer Rabanus Rochus!«, rief der Diener.

Rabanus Rochus, schwarz wie die schwärzeste Galle gekleidet, huschte ins königliche Schlafgemach, begrüßte den Hofmedicus Padrubel in aller Form und beugte sich dann händereibend über den goldenen Zuber, in dem der melancholische König Kilian lag. Kilian war kaum bei Besinnung.

»Oh!«, sagte Rabanus Rochus und gab sich große Mühe, seine Freude über das Elend des Königs zu verbergen. »Ich sehe, es geht ihm so schlecht, wie man hört.« Er drehte sich um und schaute listig zum Silberbart Padrubels hinauf. »Ist es wahr, dass er bereits mit dem Tode ringt, Hofmedicus Padrubel?«

Der Medicus, dem Rabanus Rochus seit jeher verdächtig vorgekommen war, hätte sich am liebsten angewidert abgewendet, denn Rabanus Rochus triefte vor Machtgier. Der Hofzauberer schien es kaum abwarten zu können, dass der König an dieser seiner bisher tiefsten Melancholie verschied, weshalb der Hofmedicus es kaum abwarten konnte, dass Rabanus Rochus das königliche Schlafgemach wieder verließ.

»Nun, werter Rabanus Rochus«, sagte er deshalb spitz. »Wie Ihr unschwer erkennen könnt, stecke ich mitten in der Behandlung. Der König nimmt ein heißes Bad gegen die inwendige Kälte seiner Erkrankung. Wir verabreichen Weißes gegen die innere Schwärze und danach wird Süßes gegen die Bitternis gereicht. Ihr versteht also, dass ich zum Plaudern gerade keine Zeit habe und Euch bitten muss, schnell vorzutragen, weshalb Ihr zu dieser späten Stunde hier erschienen seid!«

Rabanus Rochus war natürlich nur erschienen, um herauszufinden, wie schlimm es um den König stand. Ihn hatte seine Vorfreude ins königliche Schlafgemach getragen. Doch um eine Ausrede verlegen war er nicht. Vielmehr begann er sogleich, wichtigtuerisch auf und ab zu laufen.

»Ich habe, werter Padrubel«, sagte er, »nachgedacht, wie ich dem König helfen könnte. Wäre es Euch recht, wenn ich ein wenig Johanniskraut in meinem magischen Feuer verbrenne? Es gibt außerdem den ein oder anderen Zauber, der Wunder gegen die Trägheit des Herzens wirkt.«

»Sprecht Euren Zauber und verbrennt das Kraut!«, antwortete darauf Padrubel, denn Zustimmung schien ihm die beste Art, den Zauberer schnell loszuwerden, auch wenn er keinen Augenblick an dessen Sprüche und Kokeleien glaubte. Padrubel hielt das magische Feuer für Unfug. Allerdings musste er zugeben, dass Rabanus Rochus wirklich fliegen konnte. Er hatte ihn selbst durch den Nachthimmel sausen sehen und bei allem Misstrauen nie eine Erklärung dafür gefunden.

»Gut! Dann will ich mich gleich an die Arbeit machen!« Rabanus Rochus rieb sich wieder die Hände und schien schon auf dem Rückzug zu sein, als er sich an der Tür noch einmal umdrehte. Schließlich interessierte er sich nicht nur brennend für die schlechte Gesundheit des Königs, er wollte auch unbedingt in Erfahrung bringen, wie es um die Suche nach der Prinzessin Filippa Annegunde Rosa stand. Denn natürlich hatte König Kilians königlicher General sogleich ein Fähnlein Ritter zur Schauderburg des Rodrigo Raubein auf dem Haarzuberg entsandt. Und nichts hätte Rabanus Rochus' Plan ärger durchkreuzt als die Rettung der entführten Prinzessin zur Unzeit.

Vor der von Knirps überfallenen Kutsche hatte Rabanus Rochus sich über die tätige Mithilfe des Rodrigo Raubein gefreut. Indem er die Prinzessin entführte, hatte der Raubritter schließlich die Aufgabe erfüllt, die Rabanus Rochus ursprünglich dem Drachen Wak zugedacht hatte. Mittlerweile jedoch trieb den Zauberer die Sorge um, die Prinzessin könnte aus Rodrigo Raubeins Klauen befreit oder für einen Teil des königlichen Schatzes ausgelöst werden, den er, Rabanus Rochus, doch dem Drachen Wak versprochen hatte.

»Ach, eines noch«, sagte er deshalb, schon halb in der Tür. »Es gibt noch keine Nachricht von der Prinzessin?«

Der Hofmedicus Padrubel wollte den Zauberer noch immer schnell loswerden, weshalb er offen sprach. »Das entsandte Fähnlein Ritter ist leider unverrichteter Dinge zurückgekehrt«, berichtete er. »Es hat die Schauderburg leer gefunden. Weder Rodrigo Raubein noch die Prinzessin waren dort.«

Ganz stimmte das nicht, wie ihr wisst, was aber der Hofmedicus Padrubel unmöglich wissen konnte. Denn Knirps und Flip waren ja gerade noch rechtzeitig unbemerkt durch den geheimen Fluchttunnel aus der Schauderburg geschlüpft.

»Wie bedauerlich!«, log Rabanus Rochus, verbarg seine Freude und schickte sich dann ein zweites Mal an, das Schlafgemach zu verlassen, wenn auch nur, um ein zweites Mal scheinbar zerstreut innezuhalten. »Und dieser Schuft Rodrigo Raubein hat auch noch keine Lösegeldforderung geschickt?«, fragte er listig.

Padrubel war mittlerweile am Ende seiner Geduld. »Nein, werter Rabanus Rochus«, sagte er und hob dabei bedrohlich die Stimme, »weder ist eine Lösegeldforderung eingetroffen, noch habe ich auch nur einen Augenblick länger Zeit für Euch. Verbrennt Euer Johanniskraut, murmelt Eure Zaubersprüche, aber lasst mich um Himmels willen jetzt mit dem König allein!«

Das tat Rabanus Rochus nur allzu gern, nun da er wusste, was er wissen wollte. Buckelnd verließ er das Schlafgemach, um mit wehendem Kinnbart an den schlummernden Schwänen des Schlossteichs vorbei zu seinem finsteren Turm zu eilen.

Wak, der nachtschwarze Drache, lag im finsteren, feuchten Rund des zweittiefsten Kellers des Zaubererturms. Seine gelben Augen glühten und sein langer Drachenschwanz, dicker als ein Dutzend dicker Würgeschlangen, fegte ruhelos hin und her. Wak wartete seit Stunden auf Rabanus Rochus. Er hatte den Auftrag – so glaubte er, seit der Zauberer zum letzten Mal in seinem Kellerloch erschienen war –, eine Prinzessin zu entführen, und er konnte es kaum erwarten.

Dabei war ihm die Prinzessin herzlich egal. Er würde sie entführen, fressen oder auf Rosen betten, solange er dafür nur den Schatz König Kilians bekam. Auf den allerdings wartete er schon so lange, dass ihm allmählich danach war, den Zauberer Rabanus Rochus auf dem Spieß seiner Drachenzunge über seinem Drachenfeuer durchzubraten. Mit jedem Tag, den Wak im Keller verdämmerte, und mit jeder Nacht, die er den betrügerischen Rabanus Rochus über Königsschloss und Schlosspark flog, war er misstrauischer geworden. Am Ufer seines einsamen ghudipanischen Schwefelsees hatte er sich einst vom Schicksal betrogen gefühlt. Nun fühlte er sich von Rabanus Rochus betrogen, an dem er sich freilich leichter würde rächen können als am Schicksal.

Wak dampfte eine gelbe Schwefelwolke aus und hörte gleich darauf Rabanus Rochus im Treppenschacht husten.

»Wak, mein Freund«, krächzte Rabanus Rochus, sobald er mit seiner Pechfackel im zweittiefsten Keller erschienen war. »Ich komme später als gedacht. Es hat sich etwas Unvorhergesehenes ergeben. Unser Plan hat sich geändert.«

»Nichts hat sich geändert!«, grollte Wak, und als er den Mund aufsperrte, sah Rabanus Rochus tief im Drachenrachen blaue Flammen lodern. »Der Plan ist, dass du mir den Schatz verschaffst. Daran hat sich, so hoffe ich für dich, nichts geändert.«

»Nein, natürlich nicht!«, rief Rabanus Rochus schnell. »Es ist nur so, dass bereits jemand anders die Prinzessin entführt hat.«

»Was?« Waks Feuerstoß traf die gegenüberliegende Wand. Rabanus Rochus spürte die sengende Hitze, und Schweißperlen traten ihm auf die Stirn. »Und will dieser Jemand auch den Schatz?«, grollte Wak. »Wer ist es? Ich werde ihn mit meinem Schwanz weich klopfen, mit Schwefel panieren, auf kleiner Flamme rösten und dann ...«

»Meinetwegen gern«, fiel Rabanus Rochus dem Drachen ins Wort. »Es handelt sich um den Raubritter Rodrigo Raubein, und du kannst mit ihm machen, was du willst. Vorher allerdings musst du dich um die Prinzessin kümmern, die in seinen Händen ist.«

Der Drache kochte vor Wut. Ein glutroter, zäher Lavastrom

troff aus seinem Maul. »Was schert dich die Prinzessin, wenn sie schon entführt ist, Rabanus?«, fauchte Wak.

Rabanus Rochus machte einen Schritt zur Seite, bevor der kochend heiße Drachengeifer seine spitzen Zaubererschuhe umfloss. »Ganz einfach, mein Lieber«, antwortete er. »Die Prinzessin schert mich insofern, als ich nicht will, dass sie jemals zurückkehrt. Weder darf sie befreit, noch darf sie ausgelöst werden. Jetzt wo ihr Entführer namentlich bekannt ist, wird nicht der leiseste Verdacht auf uns fallen, wenn sie auf immer verschwunden bleibt. Wir sollten die Gelegenheit deshalb nutzen. Flieg gleich los, mein nachtschwarzer Freund, finde den Raubritter Rodrigo Raubein und bei ihm die Prinzessin und dann …«

Diesmal war es der Drache, der dem Zauberer ins Wort fiel. »… werde ich sie aufspießen, in Schwefel panieren, rösten und fressen?«, fauchte er.

»Meinetwegen kannst du sie auch flambieren oder auf einer einsamen Lavainsel im großen ghudipanischen Schwefelmeer aussetzen«, sagte Rabanus Rochus. »Nur weg müssen sie bleiben, verstehst du, Wak? Die Prinzessin darf das Schloss niemals erreichen. Sonst wird der König womöglich wieder gesund. Und selbst wenn er nicht wieder gesund würde, würde sich doch Filippa Annegunde Rosa auf seinen Thron setzen und nicht ich!«

»Der König ist noch kränker als sonst?«, fragte Wak.

Rabanus Rochus lachte meckernd. »Die Entführung hat den alten Walfisch schwer getroffen. Vielleicht, Wak, erlebt der König den Morgen nicht.«

Das hörte der Drache gern. Die ganze Sache schien an ein Ende zu kommen und damit auch seine gemeinsame Zeit mit dem Zauberer. Weshalb Wak beschloss, von nun an doppelt wachsam zu sein. Er würde niemandem trauen und schon gar

nicht Rabanus Rochus. Denn wenn Schurken einander nicht mehr brauchen, fallen sie gewöhnlich übereinander her. Das war im Mittelalter so und ist heute nicht anders.

»Worauf warten wir noch?« Wak stemmte sich auf alle vier Drachentatzen. Er würde diesen Raubritter Raubein schon finden. Er hatte eine ganze Nacht Zeit und flog so schnell wie der Wind.

Zunächst jedoch musste er sich durch den engen Treppenschacht winden, was nicht ganz so schnell ging. Wak war groß, und während Rabanus Rochus mit der Fackel vorausging, hörte er das Schuppenkleid des Drachen gegen das Mauerwerk reiben und spürte, wie jeder Drachenschritt die Wendeltreppe erbeben ließ. Doch schließlich erreichten die beiden die Turmspitze und atmeten Nachtluft, die so schwarz wie der Drache war. Nur Waks Augen leuchteten wie ein Paar vom Himmel gefallener Sterne.

»Ich nehme an, Rodrigo Raubein versteckt die Prinzessin im Bangewald«, sagte Rabanus Rochus. »In seiner Schauderburg jedenfalls ist er zuletzt nicht gewesen. Aber das will nichts heißen, mein geflügelter Freund. Fliege auch dorthin. Suche alles ab. Du musst sie finden!«

Wak nickte und breitete die mächtigen, wild gezackten Schwingen aus. Dann trug ihn ein erstaunlich leichtfüßiger Satz auf die Zinnen, und von dort hob er ab, grußlos, um sogleich mit dem Nachthimmel zu verschmelzen.

Rabanus Rochus atmete durch. Als Nächstes würde er sein Sehrohr auf das königliche Schlafgemach richten und sich an Kilians Leiden erfreuen. Doch kaum dass er an sein Sehrohr auf der Turmspitze getreten war, vernahm er unten im Park Hufgetrappel. Er hörte Schwerter und Schilde klappern und in einem Streifen Mondlicht schienen Rüstungen auf.

»He da!«, rief Rabanus Rochus aus der luftigen Höhe seines Turms hinab in den Park. »Was macht ihr da unten?«

Es klirrte und klapperte wieder und das Hufgetrappel erstarb. Für einen Moment hatten die Ritter im Schlosspark ihre Pferde gezügelt, und eine Stimme drang den Turm herauf, die Rabanus Rochus unschwer als die des königlichen Generals erkannte.

»Der Hofmedicus Padrubel hat uns nach einem Spaßmacher geschickt«, rief der General zu Rabanus Rochus hinauf. »Wir sollen den erstbesten bringen, den wir finden. Zur Gesundung des Königs wird dringend etwas zum Lachen gesucht!«

Zehntes Kapitel

in dem sich so ziemlich jeder, der vorkommt, irrt

Es war nicht mehr kohlpechrabenduster draußen, aber der Tag war auch noch nicht angebrochen, als Rodrigo Raubein im Puppenwagen am Rande des Bangewalds erwachte. Eine Etage tiefer schlummerten die Dicks unter ihrem rot karierten Plumeau. Er selbst lag darüber, auf Knirps' schmalem Bett, und fühlte sich so unbeweglich wie der schwarze Fels des Haarzubergs, was auch daran liegen mochte, dass er es nicht gewagt hatte, über Nacht seine Rüstung abzulegen.

Immerhin den Helm hatte er abgesetzt, bevor er den Kopf auf Knirps' Kissen bettete. Dafür hatte er sich, weil er das Schwert ja vergessen hatte, heimlich mit einem Kochlöffel bewaffnet, den er nun, da er von einem höchst verdächtigen Geräusch geweckt wurde, mit der Rechten umklammerte.

Es war nicht das leise Schnarchen der Dicks, das ihn ängstigte, es war vielmehr ein unerklärliches *Klack, klack, klack!*. Und wenn es die Häscher des Königs Kilian waren, die so klackten, um ihn im nächsten Augenblick fälschlicherweise als Entführer der Prinzessin Filippa Annegunde Rosa festzunehmen, dann würde er, Rodrigo Raubein, sich nicht kampflos ergeben. Dann würde er es ihnen zeigen, wie er es dem Ritter Bogumil Drohmir gezeigt hatte.

Es klackte abermals verdächtig, aber Rodrigo Raubein ließ den Kochlöffel mit einem tiefen Seufzer dennoch los. Es hatte ja nie einen Bogumil Drohmir gegeben, und er, Rodrigo Raubein, war nicht bloß ein schlechter Raubritter, der gute Raubrittergeschichten erfand – er war gar kein Raubritter. Er konnte mit dem Kochlöffel so wenig anfangen wie mit einem Schwert. Und wenn er sich das früher eingestanden hätte, dachte er, würde er jetzt nicht im fremden Bett eines fremden Puppenwagens aufwachen und sich vor einem verdächtigen Klacken fürchten.

Derart hadernd drehte sich Rodrigo Raubein in seiner knirschenden Rüstung endlich auf die Seite, um die Ursache des verdächtigen Klackens zu ergründen, und sah zu seinem Entsetzen einen nachtschwarzen Drachen auf sich zufliegen! Auf wild gezackten Schwingen raste der Drache heran, mit weit aufgesperrtem, blutrotem Rachen!

Für einen Moment glaubte Rodrigo Raubein, das Herz bliebe ihm stehen, aber dann erkannte er seinen Irrtum. Es war nur die Drachenmarionette, die da im schwachen Licht der Ölfunzel klackend mit den Holzflügeln schlug. Und Sokrates, der geschichtenkundige Papagei, hing von der Decke und zog an ihren Fäden.

Rodrigo Raubein hatte mit ihm und den Dicks bis tief in die Nacht beratschlagt. Gemeinsam hatten sie überlegt, wie sie Rodrigo Raubein aus seiner Klemme helfen und Knirps, der unterdessen zum Entführer geworden war, zur Vernunft bringen könnten. Aber sie waren, als sie endlich zu Bett gingen, immer noch zu keinem Schluss gekommen. Und vermutlich hatte Sokrates den Kopf gar nicht erst unter den Flügel gesteckt, sondern die ganze Nacht in seinem Geschichtenbuch gelesen. Was nicht erklärte, warum der Papagei nun die Puppen tanzen ließ.

»Guten Morgen, Sokrates!«, sagte Rodrigo Raubein, woraufhin Sokrates die Marionettenfäden losließ und der hölzerne Drache, plötzlich flugunfähig, ein Stück tiefer sackte.

»Der Räuber ist wach!«, krächzte der Papagei, löste sich von der Decke des Puppenwagens und kam auf Rodrigo Raubeins Bett geflattert. »Na endlich! Es ist mir unbegreiflich, wie du überhaupt schlafen konntest. Die ganze Nacht habe ich mir um die Ohren geschlagen, um diese Geschichte zu verstehen!«

»Und?«, fragte Rodrigo Raubein. »Bist du weitergekommen?« Es lag ihm sehr daran, dass Sokrates Fortschritte machte, denn bisher war diese Geschichte nicht zu seinen Gunsten verlaufen. Er hoffte deshalb sehr, dass Sokrates ihr eine andere Wendung zu geben verstand. Nur leider glaubte Rodrigo Raubein nicht daran. Er hatte den Verdacht, um eine derart verrückte Geschichte vorherzusehen, könnte der Papagei ein allzu nüchtern veranlagter Vogel sein.

»Ob ich weitergekommen bin, Räuber?«, krächzte Sokrates und fing schon wieder an, im Kreis zu laufen, diesmal über Knirps' Bettdecke, unter der der gerüstete Rodrigo Raubein lag. »Vielleicht wäre das zu viel gesagt«, murmelte er. »Aber ich habe die Nacht mit der Suche nach Hinweisen verbracht, und zu meiner Überraschung habe ich sie nicht im großen Geschichtenbuch gefunden, sondern …« Er spreizte einen Papageienfuß ab, wie er es in Ermangelung eines Zeigefingers manchmal tat. »… hier, mitten unter uns, im Puppenwagen!« Sokrates blitz-

te Rodrigo Raubein aus seinen kleinen schwarzen Papageienaugen an. »Die Marionetten, Räuber!«, rief er. »Schau sie dir einmal näher an!«

Rodrigo Raubein verrenkte den Hals, tat wie geheißen und sogleich fiel sein Blick wieder auf den nachtschwarzen Drachen. Er hätte, dachte er im Stillen, gern auch mal an dessen Fäden gezogen. »Aber, Sokrates«, sagte er laut, »wir haben doch schon gestern überlegt, ob vielleicht ein Drache in der Geschichte vorkommt. Es ist uns aber keiner eingefallen.«

»Ach, der Drache, der Drache!«, rief Sokrates unwirsch. »Der kommt schon noch, du wirst es sehen! Aber schau auf die anderen Puppen. Die Prinzessin!«

Tatsächlich, da hing eine Prinzessin in türkisgrünem Kleid von einem der Gestelle. Da hing sogar mehr als eine.

»Und?«, krähte Sokrates. »Wurde in dieser Geschichte nicht soeben eine Prinzessin entführt?«

Das konnte Rodrigo Raubein nicht von der Hand weisen, auch wenn er lieber nicht daran erinnert wurde. Ja, offenbar kam eine Prinzessin in dieser Geschichte vor.

»Und dann schau auf den Hanswurst, der dort drüben von der Decke baumelt. Könnte man ihn nicht mit unserem Knirps verwechseln?«, krächzte Sokrates.

Rodrigo Raubein nahm den Hanswurst in Augenschein. Ja, die rote Jacke mit dem blauen Fleck und dem grünen Herzen auf der Brust ähnelte Knirps' buntem Flickenkostüm durchaus.

»Nun?«, krähte der Papagei. »Und da hängt ein König, der fast so dick und rund wie Kilian ist. Und hängt er nicht saft- und kraftlos in seinen Seilen? Und dahinter kannst du einen Zauberer erkennen, der ein so rabenschwarzes Gewand wie Rabanus Rochus trägt!« Sokrates lief seine Runden auf der Bettdecke immer schneller. »Sollte uns das nicht etwas sagen, Räuber?«, kreischte er.

»Das könnte sein«, sagte Rodrigo Raubein. »Aber was?« Er setzte sich mit knirschender Rüstung auf, wobei er an der Bettdecke zog und so den erregten Sokrates beinahe zu Fall brachte. Der Papagei breitete die bunten Flügel aus, um das Gleichgewicht zu halten. Dann, sobald er sicheren Stand hatte, faltete er sie ratlos wieder ein. »Gute Frage«, murmelte er, plötzlich verdrossen.

»Und was«, fragte Rodrigo Raubein, »ist mit den anderen Marionettenpuppen? Ich sehe Hexen und Bauern und sehr viele Ritter. Kommen die auch alle in unserer Geschichte vor?«

Sokrates sah ihn unwirsch an. »Woher soll ich das wissen, Räuber?«, krächzte er und hob von der Bettdecke ab, um auf seiner Gardinenstange Zuflucht zu suchen. »Ich hatte mir mehr Hilfe von dir erhofft als deine gesammelten Zweifel!« Er senkte den Kopf und verrenkte sich, bis er aus dem Fenster des Puppenwagens sah. »Aber wenigstens, was die vielen Ritter angeht, kann ich deine Zweifel ausräumen, Räuber«, sagte er. »Denn wie mir scheint, kommen sie gerade den Hügel heraufgeritten.«

Sokrates foppte Rodrigo Raubein keineswegs. Er sagte die Wahrheit. Ein Fähnlein Ritter galoppierte ebenjenen Hügel herauf, den Rodrigo Raubein am Tag zuvor hinabgeschlittert war. Ganz offensichtlich hatten die Ritter es eilig, Papa Dicks Puppentheater zu erreichen, das nach wie vor am Rande des Bangewalds stand.

»Ritter? Die Ritter des Königs?« Wie ein Satz Blechdosen klappernd sprang Rodrigo Raubein aus dem Bett, womit er die Dicks aus dem Schlaf riss.

»Gute Güte!«, rief Papa Dick, die Nachtmütze auf der Nase.

»Was ist passiert?«, rief Mama Dick mit tellergroßen Augen.

Antwort bekamen sie keine, denn der entsetzte Rodrigo Raubein und der nicht ganz so leicht zu erschütternde Sokrates klebten schon am Puppenwagenfenster.

»Himmel, hilf!«, rief Rodrigo Raubein. »Sie sind es! Ich erkenne das Wappen des Königs! Sie sind gekommen, mich zu holen!«

»Was? Wie? Wer kommt?«, rief mit bebender Stimme Papa Dick und rupfte sich die Nachtmütze vom Kopf. Mama Dick stand schon im Nachthemd mitten im Puppenwagen und wusste nicht, wohin.

Nur Sokrates wusste mal wieder weiter. »Schnell, Räuber!«, krächzte er. »Du musst die Rüstung ausziehen, damit dich niemand als Raubritter erkennt!«

Doch das war leichter gesagt als getan. Eine richtige Ritterrüstung ist so schwer ab- wie anzulegen, und das insbesondere, wenn sie ohnehin schon kneift und klemmt. Rodrigo Raubein riss sich die erste untere Beinröhre ab und pfefferte die zweite haarscharf an Mama Dick vorbei unters Bett, wobei er nur auf einem Bein stand und beinahe die Balance verlor. Es folgte der linke Kniebuckel, aber dann hatten sich rechter Kniebuckel und rechte obere Beinröhre verhakt, und gerade, als Sokrates am Fenster ankündigte, dass die Ritter des Königs den Puppenwagen gleich erreicht haben würden, verlor Rodrigo Raubein doch noch das Gleichgewicht und stürzte der jammernden Mama Dick scheppernd vor die Füße. Da lag er nun wie eine Schildkröte auf dem Rücken und brachte beim Versuch, sich wieder zu erheben, auch noch den armen Papa Dick zu Fall, der gerade aus dem Bett zu steigen versuchte.

»Das kann doch nicht wahr sein!«, krächzte Sokrates von seinem Ausguck. »Los, ihr Dicks! Wollt ihr ihm wohl endlich helfen? Oder wollt ihr lieber in den Kerker wandern, weil ihr in eurem Puppenwagen den Entführer einer Prinzessin versteckt?«

So weit hatten die Dicks so früh am Tage noch gar nicht gedacht. Plötzlich fingen sie an, wie wild an Rodrigo Raubeins Gliedmaßen zu ziehen. Ohne jedes Feingefühl riss Mama Dick Rodrigo Raubein den verkanteten Kniebuckel und beide Oberbeinröhren ab, während es Papa Dick gelang, wenigstens eine Unterarmschiene zu lösen. Dann fing er an, an der linken Armkachel zu zerren.

Rodrigo Raubein jaulte vor Schmerz. Wie er sich in diesem Augenblick doch verfluchte, in der Schauderburg auf die Schnelle in diese dumme Rüstung geschlüpft zu sein. Besser hätte er ordentlich das Tor abgeschlossen! Besser hätte er ein zweites Mal nach den Kakteen geschaut, die er nun, wenn er nicht rechtzeitig aus dieser Rüstung kam, nie mehr wiedersehen würde!

Tusnelda!, dachte Rodrigo Raubein, als es Papa Dick mit einer unvergleichlichen Kraftanstrengung gelang, dem Raubritter die rechte Armkachel und die rechte Oberarmschiene in einem Rutsch vom Leib zu rupfen. Nur leider riss ihn der dazu nötige Schwung, kaum dass sich Kachel und Schiene gelöst hatten, einfach um. Papa Dick fiel und warf dabei die Küchenstühle wie Kegel um. Und bei dem ganzen Krach hätte Sokrates beinahe überhört, dass es schon an die Puppenwagentür klopfte und eine gestrenge Stimme um Einlass bat.

»Öffnet!«, rief es durch die Tür. »Der General König Kilians des Letzten bittet um Einlass!«

Was tun? Zwar war Rodrigo Raubein endlich Beinröhren, Armschienen, Armkacheln und Kniebuckel losgeworden, den Brustharnisch aber trug er immer noch.

»Schnell!«, rief der geistesgegenwärtige Sokrates. »Werft ihm eine Decke über!«

Das große, rot karierte Plumeau senkte sich wie eine Wolke über Rodrigo Raubein, und im nächsten Augenblick sperrte eine bebende Mama Dick die Tür des Puppenwagens auf. »Ja, bitte?«, sagte sie, als hätte man sie soeben aus dem Schlaf gerissen und nicht beim Herumreißen an einem armen Raubritter gestört.

Dem General König Kilians bot sich ein seltsamer Anblick. Hinter der dicken Frau im Nachthemd entdeckte er einen bunten Papagei, einen in ein rot kariertes Plumeau gehüllten, sehr großen Mann in Unterzeug sowie, unter dem Küchentisch, einen kleinen dicken Mann nebst einigen umgeworfenen Stühlen.

Doch der General dachte sich nichts dabei. Immerhin hatte er es, wie er der Aufschrift auf dem Wagen unschwer hatte entnehmen können, mit Puppenspielern zu tun, die bekanntlich allesamt ein wenig seltsam waren.

Außerdem war er gottfroh, sie überhaupt gefunden zu haben. Der Hofmedicus Padrubel hatte ihn losgeschickt, einen Spaßmacher zu finden, der König Kilian zum Lachen brächte, und in der Einsamkeit am Rande des Bangewalds waren Spaßmacher aller Arten rar. Der General schätzte sich deshalb glücklich, auf diese Puppenspieler gestoßen zu sein. Und wenn sie – so unter Tischen liegend, in Plumeaus oder grellbunte Federn gehüllt – komisch waren, dann war das doch umso besser. Der General selbst hatte wenig Humor, aber diese Truppe schien wirklich zum Lachen zu sein.

»Guten Morgen!«, rief er also mit seiner strengen, tiefen Stimme. Weil Rodrigo Raubein die Schauderburg nie verlassen hatte, hatte der General ja keine Ahnung, wer da in Wahrheit vor ihm stand.

»Womit können wir dienen, edler Ritter?«, krächzte von allen Anwesenden ausgerechnet der Papagei.

Das wurde dem General nun doch ein wenig zu bunt. Er wollte nicht mit einem vorwitzigen Vogel, sondern mit dem Inhaber von Papa Dicks Puppentheater sprechen, und sein Blick fiel auf den beinahe zwei Meter großen Mann in Unterzeug und rot kariertem Plumeau. »Papa Dick, nehme ich an?«, sagte er.

Rodrigo Raubein wurde es heiß und kalt, als der Blick des Generals auf ihn fiel. Ängstlich, wie er von Natur aus war, rechnete er mit dem Schlimmsten, das heißt mit der Entdeckung des Brustharnischs unter dem Plumeau! Er öffnete den Mund und klappte ihn wieder zu. Es hatte ihm die Sprache verschlagen.

»Ich bin Papa Dick«, ließ sich da der kleine runde Mann unter dem Küchentisch vernehmen und kam unter den Stühlen hervorgekrochen. Er trug nicht mehr als ein bodenlanges Nachthemd und war, wie er nun vor den General an der Puppenwagentür trat, auffällig blass um die Nase. »Gestatten, Ephraim Emanuel Dick«, sagte er und verbeugte sich ungelenk.

»Meister Dick!«, rief nun im strengen Befehlston der General. »König Kilian der Letzte bedarf Eurer Dienste! Ich befehle Euch, mich zum Königsschloss zu begleiten, wo Ihr den König mit Eurem Puppentheater ohne Umschweife zum Lachen bringt!«

Sokrates hörte das gar nicht gern. Er konnte sich ungefähr denken, worum es ging. Er wusste ja, dass König Kilian trübsinnig war, und hatte ihn mit eigenen Augen vor der Kutsche der entführten Prinzessin ohnmächtig vom Pferd sinken sehen. Er wusste aber auch, wie schwer es war, jemanden auf Befehl zum Lachen zu bringen, denn das Lachen taugt als Befehlsempfänger nicht. Es war eher wie der rebellische Knirps, der sich gar nichts sagen ließ, und weniger wie seine Eltern, die Dicks, die jeden Befehl buckelnd befolgten.

»Aber natürlich, natürlich. Es ist uns eine Ehre! Wir werden sogleich und sofort und sowieso mit Euch aufbrechen!«, sagte denn auch in diesem Moment Papa Dick zum General. »Wir werden das lustigste aller lustigen Puppenspiele zur Aufführung bringen! Der hohe König Kilian soll sich vor Lachen biegen!« Papa Dick verbeugte sich abermals und zwar so tief, dass er dabei fast umgestürzt wäre.

In Sokrates stieg die Papageienwut auf, weil Papa Dick so voreilig und gänzlich unüberlegt zugestimmt hatte. Eine Reise zum Königshof schien ihm für die Geschichte, die er zu ergründen suchte, eine denkbar ungünstige Wendung zu sein. Rodrigo Raubein, Hauptverdächtiger im Entführungsfall der Prinzessin, wäre dort in der Höhle des Löwen. Und wenn es einen Ort auf der Welt gab, an dem sich Knirps und die von Knirps entführte Prinzessin auf gar keinen Fall aufhalten würden, dann war es das Schloss König Kilians des Letzten!

Doch Sokrates war nicht allein wütend auf Papa Dick, der den ungünstigen Befehlen des Generals so willenlos folgte. Er war auch nicht allein wütend auf diese Geschichte, die einmal mehr eine so aberwitzige Wendung nahm. Nein, die größte Wut hatte Sokrates auf sich selbst. Denn dass das Puppentheater, in dem er den Ereignissen hinterherrumpelte, selbst eine Rolle in dieser Geschichte spielen könnte, daran hatte er bisher nicht einen Augenblick gedacht!

Elftes Kapitel

in welchem Knirps und Flip bei einem Drachen einkehren

Wer hätte gedacht, dass Papa Dicks Puppentheater, schon bevor es den Hof König Kilians erreichte, um dort das lustigste aller lustigen Puppenspiele aufzuführen, Zuschauer hatte? Sokrates auf seiner Gardinenstange gewiss nicht, aber ebenso wenig Rodrigo Raubein, der unter seinem rot karierten Plumeau nun neben Papa Dick auf dem Kutschbock saß, und auch nicht der General, der mit seinen Rittern dem Puppenwagen vorausritt, um ihn zum Königsschloss zu geleiten. Sie alle hatten keine Ahnung, dass, gerade als der General kurz vor Sonnenaufgang den Befehl zum Aufbruch gab, Knirps und Flip den Rand des Bangewalds erreichten, sich hinter einer sehr dicken Buche versteckten, sahen, was es zu sehen gab, und alles gründlich missverstanden.

Aber was hättet ihr an der Stelle von Knirps gedacht? Was hättet ihr gedacht, wenn ihr eine Prinzessin entführt und den Namen eures Lieblingsraubritters an die Kutschenwand geschrieben hättet und dann euren Lieblingsraubritter dabei beobachtet hättet, wie ihn ein Fähnlein Ritter mit einem gestrengen General an der Spitze fortschaffte? Hättet ihr etwa nicht gedacht, dass Rodrigo Raubein verhaftet worden wäre – und zwar für ein Verbrechen, das nicht er, sondern ihr begangen habt?

Knirps jedenfalls dachte so und wäre am liebsten dem davonrumpelnden Puppenwagen nachgelaufen. »Halt! Ich war's! Lasst Onkel Roddi in Ruhe! Ich habe die Prinzessin entführt!«, hätte er am liebsten gerufen.

Aber Knirps rief nichts. Stattdessen hatte er, nunmehr zum zweiten Mal in seinem Leben, Angst. Er hatte Angst um Rodrigo Raubein, den er aus lauter Übermut ins Unglück gestürzt hatte. Und schon wieder flatterte sein sonst so tapferes Herz. Schon wieder machte sich ein flaues Gefühl in seinem Magen breit. Schon wieder zitterten seine Finger. Und schon wieder war er wie gelähmt, weshalb er nicht hinter der sehr dicken Buche hervorsprang und dem davonrumpelnden Puppenwagen nachlief, um die gerechte Strafe für sein Verbrechen zu empfangen.

Knirps' Verbrechen, die entführte Prinzessin Flip, wäre ohnehin dagegen gewesen. Sie hatte Gefallen am sonst so lustigen Knirps gefunden und wollte nicht, dass er im königlichen Kerker schmorte. Sie wollte aber auch nicht den unschuldigen Rodrigo Raubein dort schmoren lassen, und deshalb dachte sie hinter der sehr dicken Buche sehr angestrengt nach. Nachdenken war, wie Knirps schon erfahren hatte, eine ihrer großen Stärken.

Allerdings war Flip an diesem frühen Morgen noch ein wenig müde, was das Nachdenken schwieriger machte. Denn Knirps hatte sie quasi mitten in der Nacht geweckt – zu spät in den

Augen von Knirps, denn sie waren ja zu spät gekommen, um Rodrigo Raubeins Verhaftung zu verhindern; gerade noch rechtzeitig aber in den Augen Flips, denn so waren sie gerade noch rechtzeitig Zeugen von Rodrigo Raubeins Verhaftung geworden und konnten überlegen, wie sich dem unglücklichen Raubritter helfen ließe.

Und also überlegte Flip und kam damit auch bald an ein Ende. »Pass auf, Knirps«, sagte sie. »Wir machen es so. Wir folgen dem Puppenwagen bis zum Königsschloss. Wenn wir dort eintreffen, sagen wir aber nicht, dass du mein Entführer bist. Wir sagen stattdessen, dass du mich befreit hast. Und dann trete ich vor deinen Onkel Roddi und sage, nein, der ist es nicht gewesen. Der Raubritter Rodrigo Raubein hat mich nicht entführt. Es hat bloß jemand seinen Namen an die Kutsche geschrieben.«

»Aber das bin doch ich gewesen, der seinen Namen an die Kutsche geschrieben hat!«, rief Knirps.

»Schon«, sagte Flip. »Aber außer mir weiß das doch keiner und ich verrate es nicht.«

»Aber wer hat denn dann den Namen an die Kutsche geschrieben, wenn es Onkel Roddi nicht war und ich auch nicht?« Knirps war auf einmal schrecklich verwirrt.

»Na, mein Entführer ist es gewesen!«, rief Flip.

»Aber das bin doch ich!«, rief Knirps zurück. »Ich bin dein Entführer!« Er hatte es immer noch nicht verstanden. Aber Knirps hatte ja auch Rodrigo Raubeins Geschichten über Seeungeheuer und Eisriesen geglaubt. Er konnte sich einfach schlecht vorstellen, dass eine Geschichte nicht stimmte.

»Aber das weiß doch auch keiner und ich verrate es ebenso wenig!« Flip verschränkte die Arme vor der Brust. Sie wurde allmählich ärgerlich. Manchmal war dieser Knirps so schwer von Begriff wie der Hanswurst aus den Puppenspielen!

»Aber einer muss dich doch entführt haben!«, rief Knirps ratlos.

»Richtig«, sagte Flip. »Und das ist ein über und über mit Schlamm bedecktes Wesen gewesen. Ich würde sagen, es war ein übellauniger Sumpfdrude aus dem Bangewald, der mich die ganze Nacht in einen hohlen Baum gesperrt hat, bis du vorbeikamst, um mich zu retten.«

Flip gefiel die Geschichte, die sie sich da ausgedacht hatte, außerordentlich gut. Knirps musste sich erst an sie gewöhnen. Es kam schließlich kein Raubritter darin vor, von Eisriesen und Seeungeheuern ganz zu schweigen. Aber seinen Wunsch, der Knappe eines Raubritters zu werden, hatte Knirps mittlerweile begraben. Er musste kein schweres und gefährliches Verbrechen mehr begehen und könnte es unter den neuen Umständen ebenso gut mit einer Heldentat versuchen. Nur hätte er sich gewünscht, die Prinzessin wirklich gerettet zu haben, statt es nur vorzugeben. Er nahm sich fest vor, es eines Tages wirklich zu tun.

»Gut«, sagte er also. »So machen wir es!« Und damit brachen er und die Prinzessin auf, verließen den Bangewald und liefen durch einen sehr frühen, noch sehr grauen Morgen über sich windende Wege und an im Dämmer grauen Büschen vorbei. Sie wollten zu König Kilians Schloss.

Nicht weit entfernt, sondern eher gefährlich nah flog der Drache Wak durch den anbrechenden Morgen. Er war spät dran, zu spät, um mit seinen nachtschwarzen Schuppen in der Dämmerung noch gänzlich unsichtbar zu sein, aber das war es nicht allein, was ihn verdross. Wak hatte aus mehreren Gründen schlechte Laune und hätte mit seinem feurigen Atem am liebsten ein paar Büsche, Bäume oder seinetwegen auch ein paar Dörfer niedergebrannt. Er unterließ es nur, weil es ihn noch besser sichtbar gemacht hätte, als er zu dieser Stunde ohnehin war.

Grund Nummer eins für Waks schlechte Laune war, dass er weder Rodrigo Raubein noch die Prinzessin entdeckt hatte. Kaum dass er von Rabanus Rochus' Zaubererturm abgehoben hatte, war er zur Schauderburg geflogen und hatte sie leer und verlassen vorgefunden. Nicht einmal ein Gespenst war zugegen gewesen, was den Drachen allerdings erleichtert hatte, denn Wak, der sich sonst vor nichts auf der Welt fürchtete, waren Gespenster nicht geheuer.

Danach hatte der Drache den Bangewald überflogen und Grund Nummer zwei für seine schlechte Laune gefunden. Nach der langen Zeit in Rabanus Rochus' zweittiefstem Keller war er nämlich nicht mehr so ausdauernd, wie er es einmal gewesen war. Wak fühlte sich kraftlos und steif, jeder Flügelschlag kostete ihn Mühe und bald sank der Drache bis auf die Wipfel des Bangewalds hinab und musste in einer großen, buckeligen Kiefer rasten. Dort verlor er wertvolle Zeit, während er wieder zu Atem zu kommen versuchte, und die Zeit in der buckeligen Kiefer war bei Weitem nicht die einzige, die er in dieser Nacht an seine ungewohnte Schwäche verschwendet hatte. Gerade erst hatte er sich hinter einer mächtigen, piksenden Brombeerhecke hervorgewagt, wo ihn, während er beschämt Atem schöpfte, der anbrechende Tag überrascht hatte.

Nun war Wak auf dem Rückflug zum Zaubererturm, unverrichteter Dinge und schon wieder außer Puste. Jeder Flügelschlag schmerzte, und obwohl er Schlosspark und Turm im ersten Licht des frühen Morgens bereits ausmachen konnte, schien ihm der Weg bis dorthin noch fürchterlich weit.

Doch dann spürte Wak neue Kräfte, und das hatte mit einer Entdeckung zu tun, die er ganz zufällig machte. Denn unter

sich, auf dem Weg in den Schlosspark, bemerkte Wak auf einmal Knirps und die Prinzessin.

Mit Knirps hatte der Drache nicht gerechnet, er hatte keine Vorstellung, wer dieser Junge in seinem verdreckten Hanswurstkostüm sein könnte. Doch dass die Prinzessin die Prinzessin war, vermutete Wak trotz ihrer neuen Räuberkleider sofort, was natürlich daran lag, dass Flip mit jeder Faser und aus ganzem Herzen eine Prinzessin war und im Allgemeinen leicht als solche zu erkennen. Und so fackelte der Drache nicht lange und stieß wie ein übergroßer Raubvogel auf Flip hinab.

Flip, wie ihr euch denken könnt, wusste gar nicht, wie ihr geschah. Eben war sie noch neben Knirps herspaziert – guter Dinge, denn ihr Ziel war nah – und im nächsten Augenblick steckte sie fest in einer nach Asche und Schwefel stinkenden Drachentatze und flog der aufgehenden Sonne entgegen.

»He!«, rief Flip, während der Flugwind an ihren Haaren und Kleidern riss. »Lass mich los, du widerliches Vieh! Ich bin eine Prinzessin! Was erlaubst du dir?«

Aber dass Flip wirklich die Prinzessin war, hörte Wak, ihr neuer Entführer, nur allzu gern, und ansonsten schwieg er still.

Flip konnte nur den allein auf dem Weg zurückgebliebenen Knirps hören, der dort unten die Fäuste schwang und fürchterlich fluchte, bis, ja bis ihm nun schon zum dritten Mal in seinem Leben die Angst dazwischenkam.

Diesmal hatte er Angst um Flip, und bis sein Herz nicht mehr flatterte, sein Magen nicht mehr rumorte und seine Finger aufgehört hatten zu zittern, stand der Drache mit der Prinzessin in der Tatze schon hoch am Himmel.

Doch zum Glück war es bereits hell genug, um zu erkennen, wohin der Drache flog. Aus der Ferne sah Knirps ihn auf der Zinne eines finsteren Turms in König Kilians Schlosspark landen und nahm sogleich die Verfolgung auf. Hatte er sich nicht eben erst gewünscht, Flip eines Tages zu retten? Tja, nun konnte er es tun – und er war wild entschlossen.

Und wenn ihr euch jetzt fragt, warum Wak die Prinzessin nicht, wie von Rabanus Rochus befohlen, auf einer einsamen ghudipanischen Vulkaninsel aussetzte, so lautet die Antwort, dass Schurken am besten wissen, wie schurkisch andere Schurken sind. Um sich vom Zauberer nicht übervorteilen zu lassen, hatte Wak beschlossen, Rabanus Rochus zu erpressen.

Knirps rannte schneller, als er jemals zuvor gerannt war. Er wusste es nicht, aber manchmal setzt Angst auch unheimliche Kräfte frei. Er erreichte den Schlosspark im Sauseschritt, und sein Ziel, der dunkle Turm, ragte immer höher in den Morgenhimmel hinauf, als er plötzlich jemanden noch viel ärger fluchen hörte, als er gerade eben auf dem Weg noch selber geflucht hatte.

Schnell verbarg sich Knirps hinter einer von Kilians Gärtnern kunstvoll beschnittenen Hecke und sah eine gebückte, schwarz gekleidete Gestalt mit wehendem Kinnbart auf den Turm zustreben. Ihr wisst natürlich schon, wer da kam. Es war Rabanus Rochus, und der Zauberer war noch viel übellauniger, als es der erschöpfte Wak in seiner buckeligen Kiefer gewesen war.

»Ein Puppentheater!«, hörte Knirps ihn schnauben. »Dieser verflixte Padrubel! Was hat dieser Quacksalber sich da nur wieder ausgedacht! Glaubt er ernsthaft, er könnte die Trägheit des Herzens mit ein paar lustigen Geschichten kurieren? Pah! Niemals!«

Knirps reckte den Hals über die Hecke. Rabanus Rochus war stehen geblieben und wühlte nachdenklich in seinem Bart. »Und wenn es wider Erwarten gelingt?«, brummte er. »Wenn dieser Kurpfuscher Erfolg mit seinem Puppentheater hat? Dann adé,

Königskrone, Rabanus Rochus! Dann hast du die Prinzessin umsonst beiseitegeschafft! Dann bleibt Kilian, dieser Walfisch, einfach auf dem Thron hocken! Und ist womöglich gesund genug, um noch Jahre und Jahrzehnte dort zu sitzen! Oh, dieser verflixte Padrubel! Dir mache ich einen Strich durch die Rechnung! An diesem Hof wird heute Abend nicht mit Puppen gespielt! Das werde ich verhindern!«

Knirps wäre nicht Knirps gewesen, hätte er diesem bösartigen und hinterlistigen Selbstgespräch des Rabanus Rochus gedanklich folgen können. Er war aber Knirps genug, sich, kaum dass der Zauberer weitereilte, an dessen Fersen zu heften. Irgendetwas hatte dieser finstere Kerl bestimmt mit Flips Entführung durch den Drachen zu tun, und Knirps nutzte die Gelegenheit, hinter Rabanus Rochus' wehendem Mantel in den Zaubererturm zu schlüpfen.

Er fand sich in einem dunklen Treppenschacht wieder und über ihm hallten Rabanus Rochus' Schritte. Schleichend nahm Knirps die Verfolgung auf. Es ging treppauf, und das war gut, denn der Drache war schließlich oben auf den Zinnen gelandet. Knirps' Angst war verflogen. Er war jetzt ganz das, was er tat.

Über sich hörte er eine Tür in ihren Angeln stöhnen, dann hatte Knirps einen Treppenabsatz erreicht und konnte durch die offene Tür in die Wohnstube schauen, die Rabanus Rochus soeben betreten hatte. Knirps verbarg sich hinter dem Türrahmen, damit niemand ihn sah.

Aus der Wohnstube drang dichter Rauch. Ein heftiger Schwefelgestank stieg Knirps in die Nase. Seine Augen begannen zu tränen und er musste ein Husten unterdrücken.

Rabanus Rochus hustete bellend und wedelte mit den Armen, bis sich der stinkende Rauch ein wenig verzog. »Wak, mein nachtschwarzer Gefährte!«, rief er mit kratziger Stimme. »Schon zurück? Hast du alles erledigt?«

Aus dem sich verziehenden Rauch trat nun die mächtige Gestalt des Drachen hervor. Knirps sah eine rote Glut aufleuchten, als der Drache den Rachen aufsperrte. »Zurück, Rabanus, ja, das bin ich«, grollte er. »Und ich habe dir etwas mitgebracht!«

Knirps und Rabanus Rochus bemerkten die Prinzessin im selben Augenblick. Flip stand mit verschränkten Armen und angesäuerter Miene gleich neben dem Drachen. Ganz offenkundig war sie in seiner Gewalt, was Rabanus Rochus weit mehr überraschte als Knirps in seinem Versteck.

»Du hast die Prinzessin fortschaffen sollen, nicht herbringen!«, fauchte Rabanus Rochus. »Was soll das, Wak?«

Aus dem Drachenrachen züngelten Flammen. Wak hob den mächtigen Schädel und seine gelben Augen blitzten. »Das ist ganz einfach, Rabanus«, zischte er. »Ich habe sie hergebracht, damit du deinen Teil des Handels erfüllst. Es ist Zeit für meinen Schatz, Rabanus! Und wenn ich den Schatz nicht jetzt bekomme, dann schaffe ich die Prinzessin höchstpersönlich ins Königsschloss. Dann ist es vorbei mit deinen Träumen, König zu werden.«

»Du willst mich erpressen?«, fragte Rabanus Rochus leise drohend.

»Nenn es, wie du willst.« Waks Maul war jetzt mit einem Kranz aus blauen Flämmchen gesäumt. Die Hitze drang bis zu Knirps an der Tür. »Immerhin hast du die Wahl. Du kannst mir noch heute Zutritt zur Schatzkammer verschaffen oder niemals König werden. Also, Rabanus, wie entscheidest du dich?«

»Aber, Wak, mein Freund!« Rabanus Rochus' Stimme war plötzlich Samt und Seide. »Hast du Sorge, ich würde mein Versprechen nicht halten?«

Der Drache dampfte verächtlich Schwefelrauch aus. Flip musste husten und warf ihm einen vernichtenden Blick zu.

Rabanus Rochus sprach weiter. »Ich werde mein Versprechen natürlich halten, mein nachtschwarzer Freund. Nur bis zum Abend musst du dich noch gedulden.«

»Bis zum Abend? Wieso?« Der Drache grollte. Eine Stichflamme schoss aus seinem Maul.

»Weil die Schatzkammer dann unbewacht sein wird«, sagte Rabanus Rochus listig und rieb sich die Hände. »Auf den Wunsch des Hofmedicus Padrubel findet heute Abend nämlich ein lustiges Puppenspiel im Königsschloss statt. Alle sind eingeladen und sollen lachen, damit der König, diese trübe Tasse, mitlacht. Und das, Wak, ist unsere Gelegenheit! Wenn sich alle im Saal einfinden, schlagen wir zu.« Rabanus Rochus lachte meckernd. Er wirkte auf einmal gar nicht mehr wie ein Erpressungsopfer, aber das fiel weder dem tumben Wak noch dem tapferen Knirps, sondern allein der klugen Flip auf. »Einverstanden, Drache?«

Natürlich verfolgte Rabanus Rochus schon wieder einen finsteren Plan. Ihr werdet schon sehen, welchen.

»Einverstanden, Rabanus!«, zischte Wak. »Das soll unsere letzte Abmachung sein. Und wage es nicht, mich zu betrügen!« Die Flammen aus dem Drachenrachen loderten diesmal bis zur Zimmerdecke hinauf.

»Das würde ich nie tun«, sagte Rabanus Rochus mit einem bösen Grinsen. »Also heute Abend. Ich komme dich holen. Und bis dahin ziehst du dich mit der Prinzessin in deinen Keller zurück, verstanden? Wenn sie dir entwischt, entwischt dir auch der Schatz.«

»Mach dir darum keine Sorgen, Rabanus. Ich werde sie wie meinen Augapfel hüten!« Mit diesen Worten fuhr Wak eine

Pranke nach der Prinzessin aus und presste sie an seine schuppige Brust.

»Freu dich nicht zu früh, Drache!«, rief da Flip. »Ich habe einen Prinzen und der wird mich holen!«

Knirps hörte gar nicht gern, dass Flip einen Prinzen hatte – bis er begriff, dass womöglich er mit dem Prinzen gemeint sein könnte. Das wiederum freute ihn, denn insgeheim wäre er gern Flips Prinz gewesen. Er mochte die Prinzessin wirklich gern. Er bewunderte sie sogar ein bisschen. Aber wie um Himmels willen sollte er sie aus den Fängen dieses riesigen Drachen befreien? Die Zeiten, da er mit einer bloß ausgedachten Lanze auf ein Fähnlein Ritter zustürmte, waren vorbei. Knirps hatte die Angst kennengelernt und war ein wenig klüger geworden. Also brauchte er einen besseren Plan, aber er hatte keinen. Er wusste ja nicht einmal, wie er unbemerkt von diesem Treppenabsatz verschwinden könnte – was die viel dringlichere Frage war, weil Wak, wobei er die Prinzessin an seine schuppige Brust drückte, schon auf die Tür zustampfte, um in den Keller zu steigen.

Knirps beschloss, es mit ein wenig Vorsprung zu versuchen. Der Weg zu allen Kellern führt treppab, also machte er sich, noch bevor der Drache die Türschwelle erreicht hatte, auf den Weg nach unten. Rund und rund und tiefer und tiefer stolperte er durch den dunklen Treppenschacht und konnte die Schritte des Drachen spüren. Bei jedem bebten die Treppenstufen.

Wohin? Knirps erreichte ein leeres, kreisrundes Kellergeschoss, in dem seine Schritte hallten und in dem es ganz besonders nach Schwefel roch. Doch auch hierhin schien ihm der Drache zu folgen. Knirps sah schon den Schein des Drachenfeuers nahen, mit dem sich Wak den Weg leuchtete.

Also stieg Knirps noch tiefer hinab und stolperte in einen Keller voller Gerümpel. Etwas klirrte metallisch, als er mit dem Fuß dagegen stieß, und um bloß nicht noch mehr Lärm zu machen, blieb Knirps mit angehaltenem Atem stehen. Es ging ohnehin nicht weiter – Knirps hatte Rabanus Rochus' tiefsten Keller erreicht.

Er lauschte angestrengt und hörte kein Drachenstampfen mehr. Stattdessen schien der Drache es sich gemütlich zu machen. Knirps hörte, wie sein schwerer Leib geräuschvoll auf den Boden sank.

»So, Prinzessin!«, grollte Wak im zweittiefsten Keller, eine Etage über Knirps. »Hier werden wir warten, und glaube nicht, dass ich dich auch nur einen Augenblick loslasse!«

Knirps holte nach einer gefühlten Ewigkeit zum ersten Mal Luft. Er wusste nicht, was er tun sollte, aber er konnte die Lage zumindest erkunden. Und so schlich er sich auf leisen Sohlen wieder ein Stück weit die Treppe hinauf – so weit, dass er den Drachen erst riechen und dann auch sehen konnte. Waks schwerer Körper versperrte den Treppenschacht. Knirps war genauso gefangen wie Flip.

Zwölftes Kapitel

in welchem Knirps aus Versehen zum Verräter wird

Das Schloss König Kilians am anderen Ende des Parks war schon wieder in Aufruhr – eigentlich war es noch immer in Aufruhr, denn seit der König von der Entführung der Prinzessin erfahren hatte, war niemand außer dem König zur Ruhe gekommen. Kilian wurden weiter weiße Speisen gereicht und heiße Bäder bereitet. Sogar das müde gewordene Orchester spielte noch, wenn es seine Kräfte zuließen.

Nur war zu alledem nun noch eine weitere Aufgabe gekommen – auf Geheiß des Hofmedicus Padrubel bereitete man den königlichen Theatersaal für die Vorstellung eines Puppentheaters vor, das der General über Nacht herbeigeschafft hatte. Bei Sonnenaufgang hatte sich die Dienerschaft versammelt, um einen kleinen, von drei Eseln gezogenen Puppenwagen vorfahren zu sehen. Die Wände des Puppenwagens waren mit lustigen

Figuren bemalt, vor den Fenstern hingen Geranienkästen und über den Fenstern stand in großen geschnörkelten Buchstaben:

PAPA DICKS PUPPENTHEATER

In der Hoffnung, die herbeigeeilten Puppenspieler könnten den melancholischen König kurieren, hatte die im Hof versammelte Dienerschaft den Ankommenden applaudiert. Und so hatten Mama Dick, Papa Dick, Sokrates und Rodrigo Raubein das Königsschloss durch ein Spalier klatschender Menschen betreten, was Rodrigo Raubein so furchtsam stimmte, dass er den Kopf einzog. Er war solche Aufmerksamkeit nicht gewohnt. Außerdem rechnete er insgeheim immer noch mit seiner Verhaftung.

Doch seitdem waren viele Stunden vergangen und Rodrigo Raubein war immer noch nicht als Raubritter enttarnt. Er war in einem unbemerkten Moment sogar den Harnisch losgeworden und trug nur noch seine langen, vom vielen Waschen grau gewordenen Unterkleider, was ihn beschämte. Aber die Unterkleider und die Angst vor Entdeckung waren nicht einmal sein ärgstes Problem.

Rodrigo Raubein war krank vor Lampenfieber.

Denn Papa Dick hatte verfügt, dass auch der Raubritter beim lustigsten aller lustigen Puppenspiele eine Marionette zu führen hätte. Papa Dick selbst wollte den Moritatensänger geben und, wenn er gerade nicht seine schlechten Verse aufsagte, die Marionette des nachtschwarzen Drachen spielen. Mama Dick sollte an den Fäden des Hanswurst ziehen und für Rodrigo Raubein hatten die Dicks eine besonders große Ritterpuppe vorgesehen.

Und mit dieser Ritterpuppe zwischen den Knien saß Rodrigo Raubein nun hinter der Bühne und probierte. Er zog an diesem Faden und an jenem Faden und der große Ritter hob ein

Bein oder nickte mit dem großen Kopf aus Lindenholz. Das ging schon ganz gut, aber Rodrigo Raubein stand dennoch der Schweiß auf der Stirn. Einerseits kam es ihm vor, als ginge gerade sein geheimster Wunsch in Erfüllung. Ein Wunsch, der so geheim war, dass er ihn selbst nicht gekannt hatte, bevor er die Marionetten der Dicks im Puppenwagen sah. Andererseits hatte er schreckliche Angst, auf der Bühne zu versagen. Manchmal warf er einen scheelen Blick zu ihr hinüber und seufzte tief.

Das Puppentheater war fast schon fertig aufgebaut. »Possenburg«, so nannten die Dicks ihre Sperrholzkulisse, die aus nicht viel mehr als zwei bunt bemalten Burgtürmen und einem Vorhang dazwischen bestand. Rodrigo Raubein fand sie wunderschön.

Er zupfte gekonnt an einem dritten Faden, woraufhin die Ritterpuppe einen Knüppel schwang, den Mama Dick an der Puppenhand befestigt hatte. Auf der Bühne würde das Knüppelschwingen eine der wichtigsten Bewegungen sein, denn am Ende des Puppenspiels musste die Ritterpuppe die Drachenpuppe mit ihrem Knüppel aus der Schatzkammer der Possenburg verjagen. Im Stück nämlich wollte der Drache den Schatz stehlen und der Hanswurst und der Ritter hinderten ihn daran. Weil Papa Dick mal wieder nur die plumpesten Geschichten aus dem uralten Geschichtenbuch zurate gezogen hatte, war es kein sehr einfallsreiches Stück und leider auch nicht besonders lustig.

»Gut! Sehr gut! Du machst dich, Räuber!«, krächzte Sokrates, als er Rodrigo Raubeins Ritterpuppe gekonnt den Knüppel schwingen sah. Der Papagei hockte auf einem der Gestelle aus dem Puppenwagen, das man hinter die Bühne geschafft hatte. Er hatte sich zwischen dem nachtschwarzen Drachen und dem Zauberer an einer der Holzlatten festgekrallt.

»Danke, Sokrates«, sagte Rodrigo Raubein scheu. »Ich frage mich nur, warum der Ritter einen Knüppel hat und kein Schwert.«

»Vielleicht hat er das Schwert vergessen«, krächzte Sokrates. »So was soll vorkommen, nicht wahr?«

Rodrigo Raubein senkte beschämt den Blick und ließ die Ritterpuppe wieder den Puppenknüppel schwingen. Er wurde immer besser, auch wenn er sich das selbst nicht zugestand.

»Außerdem«, sagte Sokrates, »sind Knüppel lustig und Schwerter nicht. Weiß der Herrgott, warum das so ist. In jedem Fall sollten wir es nicht ändern. Das Stück ist auch so schon schwach genug. Ich fresse meine Schwanzfeder, wenn Ephraim Emanuel Dick den König damit zum Lachen bringt.«

Rodrigo Raubein ließ die Ritterpuppe nicken. Er hätte dem melancholischen König gern mit einem besseren Puppenspiel geholfen, aber jetzt war keine Zeit mehr, noch am Stück zu feilen. Die Vorstellung würde in wenigen Minuten beginnen und Rodrigo Raubein war vor Aufregung übel. Doch es half nichts. Sie mussten die Aufführung hinter sich bringen und dann tun, was sie eigentlich tun mussten, nämlich Knirps finden.

»Was«, sagte Rodrigo Raubein plötzlich zu Sokrates, »wenn ich auf der Bühne etwas falsch mache?« Es fiel ihm schwer, für längere Zeit an etwas anderes zu denken, und wenn ihr selbst schon einmal Lampenfieber gehabt habt, dann versteht ihr das bestimmt.

»Oh, mach dir da keine Sorgen, Räuber«, krächzte Sokrates und musterte gedankenverloren die Drachenmarionette neben sich. Sie war fast genauso groß wie er. »Ephraim Emanuel Dicks Stück kann nur besser werden, wenn etwas nicht nach Plan verläuft. Alles, was schiefgeht, wird es lustiger machen, glaub mir.«

Er seufzte gottergeben und stupste dann mit dem Schnabel die Drachenpuppe an.

»Und wie man es sich vorstellt, wird es sowieso nie«, krächzte er. »Denk doch nur an meine armseligen Versuche, unsere Geschichte vorherzusehen. Heute Morgen habe ich ernsthaft geglaubt, dass ein Drache in ihr vorkäme. Ein echter Drache, verstehst du, Räuber? Einer, der Feuer und Schwefelrauch spuckt. Ha!«

Sokrates ließ abermals die Drachenmarionette baumeln. Er hätte eher seine Schwanzfedern gefressen, als noch mit einem echten Drachen zu rechnen.

»Dabei kommt bloß diese kleine Holzpuppe in unserer Geschichte vor, die nicht mal wirklich fliegen kann. Was habe ich mir nur gedacht? Eine Marionette ist eben eine Marionette und sonst nichts! Die Puppen im Wagen hatten gar nichts zu bedeuten. Sie waren nur ein Hinweis auf sich selbst.« Der Papagei funkelte Rodrigo Raubein an. »Sokrates hat sich geirrt, Räuber! Und er schämt sich nicht, das zuzugeben. Oh nein!«

Rodrigo Raubein ließ wieder die Ritterpuppe nicken. Ging es nach ihm, hatte der Papagei unrecht, wenn er glaubte, unrecht gehabt zu haben. Seiner Ansicht nach bedeuteten Marionetten immer etwas, so wie auch Geschichten immer etwas bedeuteten, selbst wenn man nicht wusste, was. Doch das zu bereden, war jetzt auch keine Zeit mehr. Im Theatersaal vor der Bühne wurde es unruhig und Rodrigo Raubein bekam vor lauter Lampenfieber einen himbeerroten Kopf.

Tatsächlich war der Saal schon voll besetzt. Stimmen schwirrten und Stühle rückten. Es wurde geflüstert und gehüstelt. Man steckte die Köpfe zusammen oder sah voller Erwartung auf die Possenburg und ihren Vorhang zwischen den bunten Sperrholztürmen.

Der ganze Hofstaat hatte sich versammelt. Diener, Mägde, Gärtner, Wachleute und Ritter in knirschender Ausgehrüstung waren gekommen. Gleich in der ersten Reihe saß der Astrologe neben dem General, der General neben dem Koch und der Koch neben dem Bademeister. Und an den vielarmigen Kerzenleuchtern standen schon Diener bereit, das Licht zum rechten Zeitpunkt zu löschen, damit nur noch die Possenburg beleuchtet war. Denn mittlerweile war es draußen vor den hohen Saalfenstern wieder dunkel. Es war Abend geworden in König Kilians Reich.

»König Kilian der Letzte!«, brüllte es endlich am hinteren Ende des Saals und augenblicklich verstummte der ganze Hofstaat. Sämtliche Stühle rückten, als wären sie ein einziger Stuhl, und mit einem Rauschen standen alle Puppentheaterbesucher auf und drehten die Hälse.

König Kilian wurde auf seinem Thronsessel hereingetragen. Er war zu melancholisch, um auf seinen pantoffelten Füßen zu gehen. Kraftlos hing er zwischen den Armlehnen, die goldene Krone schief auf dem Kopf, während zwei schwitzende Diener ihn und den Sessel trugen. Der Hofmedicus Padrubel und Kilians Lieblingsleibdiener mit den großen Ohren führten den Zug durch den Mittelgang des Theatersaals an, und der Lieblingsleibdiener übersetzte das leise Gemurmel seines Königs so gewissenhaft wie eh und je.

»OH NEIN!«, brüllte er. »SO VIELE MENSCHEN! KANN ICH NICHT BITTE IN MEIN SCHLAFGEMACH ZURÜCK? MIR IST GAR NICHT NACH EINER BELUSTIGUNG! PADRUBEL? OJE …«

Doch der Hofmedicus war wild entschlossen, den König mithilfe der Kunst der Puppenspieler zu kurieren, und tat, obwohl er neben dem brüllenden Diener ging, als würde er die königliche Beschwerde überhören. Er hielt erst an, als der Zug die erste Reihe erreicht hatte und die schwitzenden Diener Kilian und seinen Thronsessel am Ende des Mittelgangs abstellten.

Dann beugte sich Padrubel zu Kilian hinab. »Ihr solltet ein paar Worte sagen, mein König«, flüsterte er.

Kilian schenkte ihm einen verhangenen Blick. Dann hauchte er etwas, das selbst Padrubel erst verstand, als der Lieblingsleibdiener es in den Saal hinausbrüllte. »MÖGEN DIE SPIELE BEGINNEN UND SCHNELL VORÜBERGEHEN!«

Damit löschten die Diener die Kerzen im Saal, bis das Licht nur noch auf der Bühne brannte und Papa Dick in den hellen Kerzenschein trat, ausgerüstet mit einem Bogen Papier, auf den er seine Einleitungsverse notiert hatte. Erst räusperte er sich umständlich. Dann hob er folgendermaßen an:

»Hoher König, schönes Schloss,
wir sind gekommen hoch zu Ross
– also eigentlich per Esel,
was sich nicht reimte, wie ich meinte –,
Euch zu erfreuen viel
mit unserm Spiel,
wo mit viel Knüppelkrachen
wir Euch wollen bringen zum ...«

Doch ausgerechnet dieser letzte Reim, der nicht der schlechteste seiner sehr schlechten Einleitungsverse war, blieb Papa Dick verwehrt. Denn in diesem Augenblick wurden mit großem Krach die Saaltüren aufgestoßen und niemand anders als Rabanus Rochus platzte herein. Wie ihr euch erinnert, hatte sich der Zauberer vorgenommen, das Puppenspiel zu verhindern – und genau das tat er jetzt auch.

»Hilfe!«, brüllte er in den Saal. »So kommt doch zu Hilfe! Die königliche Schatzkammer wurde ausgeraubt! Die königliche Schatzkammer ist leer! Nicht ein einziger Heller ist zurückgeblieben!«

Vielleicht könnt ihr euch vorstellen, wie viel nach diesem Alarmruf gleichzeitig geschah. Wachleute, Ritter und natürlich der General sprangen als Erste auf. Es folgten Diener, Mägde, Gärtner, der Astrologe, der Koch und der Bademeister, und die Saaldiener fummelten aufgeregt an den Kerzenleuchtern herum, um es wieder hell zu machen. Sokrates flatterte auf und schoss wie ein Pfeil durch die Saaltüren nach draußen, Mama Dick und Rodrigo Raubein eilten, die baumelnden Marionetten noch in den Händen, zu Papa Dick hinüber, der mit offenem Mund am Bühnenrand stand, und der Hofmedicus Padrubel beugte sich besorgt über den noch tiefer in seinen Sessel gesunkenen König, während der Lieblingsleibdiener über alle Köpfe hinweg brüllte: »MEIN SCHATZ? GERAUBT? ICH ARMER MANN! OJE!«

Aber da hatten die beiden anderen Diener den Thronsessel schon wieder in die Höhe gestemmt, um ihren König dem davoneilenden Hofstaat hinterher zur Schatzkammer zu tragen, dem Schauplatz des schweren Verbrechens.

Es war ein sonderbarer Zug, wie ihn das Reich Kilians des Letzten noch nicht erlebt hatte, ja wie ihn noch überhaupt niemand jemals erlebt hatte und ganz bestimmt nicht Flip und Knirps, die unerwartet Zeugen dieses Zugs wurden. Den ganzen Tag hatten sie im finsteren Turm des Rabanus Rochus festgesteckt, Flip in der stinkenden Tatze des Drachen Wak und Knirps eine Etage tiefer zwischen Rabanus Rochus' Gerümpel, wo er sich unbemerkt verbarg.

Wie lang ihnen die vielen Stunden dort geworden waren und

wie verzweifelt Knirps über eine Möglichkeit nachgesonnen hatte, Flip aus den Fängen des Drachen zu befreien, mögt ihr euch vorstellen. Wir erzählen nicht davon, weil Knirps keine solche Möglichkeit fand und die Stunden am Ende taten, was sie immer tun, nämlich vergehen. Und als sie endlich vergangen waren, erschien Rabanus Rochus im zweittiefsten Keller des Turms, um den Drachen Wak abzuholen.

Zusammen verschwanden die beiden durch den Treppenschacht und vergaßen auch nicht, die Kellertür abzuschließen. Sie glaubten, sie ließen Flip einsam und allein in ihrem Gefängnis zurück – so lange, bis Wak mit dem geraubten Schatz zurückkehren würde, um die Prinzessin auf seiner anschließenden Flucht ein für alle Mal verschwinden zu lassen, damit Rabanus Rochus ungehindert König werden könnte.

Es war ein wahrhaft teuflischer Plan. Denn Rabanus Rochus ging davon aus, dass der gebeutelte Kilian den Verlust seines Schatzes nicht überstehen würde. Keine Prinzessin, kein kurierendes Puppenspiel und dann auch noch sämtliches Gold und alle Edelsteine verschwunden – all das zusammen würde endgültig zu viel für den trübsinnigen König sein.

Nur hatten sie nicht mit Knirps gerechnet, denn Rabanus Rochus und Wak ließen die Prinzessin ja keineswegs allein im Turm zurück. Und kaum hatten sie die Kellertür verschlossen, stieg Knirps aus seinem Versteck, um die Prinzessin zu befreien. Er war in diesem Augenblick sehr zufrieden mit sich. Schließlich hatte er sich ja vorgenommen, die Prinzessin eines Tages zu retten.

»Hast du aber lange gebraucht, mich zu finden! Bist du immer so langsam?«, sagte Flip, als Knirps aus dem tiefsten Keller aufgetaucht war wie ein Sumpfdrude aus seinem blubbernden Loch. Aber das sagte sie nur, weil sie es genauso gesagt hatte, als sie Knirps zum ersten Mal begegnet war. Wisst ihr noch?

In Wahrheit war Flip natürlich furchtbar erleichtert, Knirps zu sehen. Sie hatte es aber auch furchtbar eilig. Denn die kluge Flip wusste nur zu gut, was der Zauberer und der Drache im Schilde führten. »Kannst du die Tür aufbrechen, Knirps? Sie wollen den Schatz stehlen. Wir müssen den König warnen!«, rief sie.

Zu diesem Zweck aber hatte Knirps schon die Eisenstange mitgebracht, über die er in der Finsternis des tiefsten Kellers gestolpert war. Er musste sich schinden und schuften, um die Kellertür damit aufzubrechen, aber schließlich gelang es ihm. Knirps und Flip hasteten den dunklen Treppenschacht hinauf, ließen den finsteren Turm hinter sich und liefen durch den Schlosspark auf das hell erleuchtete Königsschloss zu, wo nicht ein einziger königlicher Ritter Wache stand, weil sich der ganze Hofstaat im Theatersaal befand.

Ungehindert erreichten Knirps und Flip die prächtige Eingangshalle mit der doppelten Marmortreppe und dem gewaltigen Kronleuchter, und gerade, als sie sich fragten, wohin sie sich als Nächstes wenden sollten, wurden sie beinahe über den Haufen gerannt. Der General, die Wachleute und die Ritter in ihren Ausgehrüstungen stießen sie brüsk zur Seite. Danach kamen die Diener, Mägde und Gärtner gerannt, und Knirps und Flip blieb nichts anderes übrig, als sich, um nicht niedergetrampelt zu werden, hinter eine marmorne Säule zurückzuziehen.

Aus ihrem Versteck heraus sahen sie Rabanus Rochus mit wehendem Kinnbart vorbeilaufen, sie sahen den Koch, den Astrologen und den Bademeister, und dann keuchten Mama Dick, Papa Dick und ein Rodrigo Raubein in Unterkleidern vorbei, die Knirps im allgemeinen Lärm nicht rufen hörten. Und kaum dass Knirps ihnen nachsetzen wollte, wurde er schon wieder umgeschubst – diesmal von Kilians Lieblingsleibdiener, der unablässig »OJE, OJE, ICH ARMER MANN!« brüllte, weil der König ebendiese Worte hauchte. Kilian, mit dem atemlosen Hofmedicus an seiner Seite, wurde immer noch in seinem Thronsessel getragen und hüpfte, der großen Eile der Träger wegen, auf seinem weichen Sesselkissen auf und ab.

»Onkel Kilian!«, rief Flip, aber der König hörte die Prinzessin nicht. Dafür brüllte sein Lieblingsleibdiener zu laut. Brüllend führte er die königliche Nachhut die Treppe zur Schatzkammer hinab, die kein dunkler Schacht wie im Turm des Rabanus Rochus war, sondern breit und gut beleuchtet. Flip las den umgeworfenen Knirps vom Boden auf. Für einen Augenblick waren beide sprachlos.

Eine Etage tiefer bot sich dem atemlosen Hofstaat ein Bild des Schreckens dar. Die mit Eisenbändern verstärkte Tür zur Schatzkammer war eingeschlagen. In der Schatzkammer selbst herrschte gähnende Leere. Sonst lagen unter der schönen Gewölbedecke Berge aus Gold – Barren und Münzen, Teller, Becher und Kelche –, aus denen kostbare Edelsteine wie Augen funkelten: weiße Diamanten, rote Rubine, grüne Smaragde und dann und wann ein blauer Topas. Doch jetzt war da nichts mehr außer dem nackten Fußboden, und das erschrockene Stöhnen des Hofstaats hallte noch durch das leere Gewölbe, als schließlich auch König Kilian in seinem schwankenden Thronsessel eintraf.

Auf ein Handzeichen des Generals hin trug man ihn sogleich zu einer ehemals weißen Wand, vor der sich bis eben noch ein Berg aus Goldmünzen aufgetürmt hatte.

»Seht, was dort steht, mein König«, sagte der General heiser vor Zorn. Aber es waren nicht allein der General und der König, die angesichts der teuflischen Schrift an der Wand die Fassung verloren.

Auch Rodrigo Raubein, der mit Mama und Papa Dick zwischen den Dienern und Mägden stand, schlug das Herz bis zum Hals. Er wankte und schwankte und wäre beinahe in Ohnmacht gefallen. Denn an der Wand stand in großen schwarzen Buchstaben sein eigener Name.

LANG LEBE DER RAUBRITTER RODRIGO RAUBEIN!

war dort zu lesen.

Erst ging ein Raunen durch die Menge, dann wurde es totenstill, bis der König ein paar wenige unverständliche Worte hauchte und bewusstlos in seinem Thronsessel zusammensank. Der Hofmedicus Padrubel konnte gerade noch verhindern, dass Kilian auf den nackten Fußboden rutschte. Der Lieblingsleibdiener schrie: »ICH GLAUBE, ICH STERBE VOR KUMMER!« Denn das waren Kilians letzte Worte gewesen, bevor er das Bewusstsein verlor.

Im selben Moment trat der listige Rabanus Rochus vor und zeigte mit dem Finger auf die beschriebene Wand. »Dieser Schurke Rodrigo Raubein«, rief er, »hat den königlichen Schatz geraubt! Und zuvor hat er die Prinzessin entführt. Und beide Male hatte er die Frechheit, auch noch seinen Namen zu hinterlassen! Das darf nicht ungesühnt bleiben! Im Namen Kilians des Letzten! Brecht auf! Jagt Rodrigo Raubein und bringt ihn zur Strecke!«

In der Schatzkammer wurden sogleich Zornesrufe laut. Sie hallten durch das leere Gewölbe.

»Fangt Rodrigo Raubein!«, riefen Diener und Mägde.

»Lasst Rodrigo Raubein nicht entkommen!«, rief der wütende Bademeister.

Papa und Mama Dick starrten auf ihre Schuhspitzen, um in diesem Augenblick bloß nicht Rodrigo Raubein anzusehen, der abwechselnd brandrot und kalkweiß im Gesicht wurde und sich überallhin wünschte, am besten auf den Mond, wenn er dafür nur nicht hier in der Menge stehen müsste, die wütend seinen Namen rief und nicht ahnte, dass er in seinen Unterkleidern mitten in ihrer Mitte stand.

Rabanus Rochus aber, der das auch nicht wusste, rieb sich verstohlen die Hände. Denn wer, denkt ihr, hatte Rodrigo Raubeins Namen an die Wand geschrieben? Natürlich, es war Rabanus Rochus selber gewesen! Der Zauberer hatte die Wand beschrieben, um von seinem Verbrechen abzulenken. Und Wak, der Drache, hatte unterdessen den Schatz geraubt.

»Zu Befehl!«, rief jetzt der General, als wäre Rabanus Rochus bereits König. Er wollte schon seine Ritter sammeln, um diesem Rodrigo Raubein nachzujagen. Doch weiter kam der General in seiner Absicht, den Raubritter zur Strecke zu bringen, nicht, denn in diesem Augenblick betraten Knirps und Flip das Gewölbe.

Das Wichtigste hatten sie auf der Treppe mitgehört und Knirps war außer sich vor Angst um Rodrigo Raubein. Nie hatte sein Herz ärger geflattert. Nie hatten seine Finger ärger gezittert. Und nie hatte die Angst solche Kräfte in ihm freigesetzt. Knirps entdeckte den baumlangen Raubritter in der Menge, stürmte durch die Reihen der verdutzten Dienerschaft und warf sich Rodrigo Raubein an den Hals.

»Knirps!«, flüsterte Rodrigo Raubein ergriffen und schloss ihn in die Arme, denn vor allem anderen freute er sich, Knirps wohlbehalten wiederzusehen. Doch dieses »Knirps!« hörte nie-

LANG LEBE
DER
RAUBRITTER
RODRIGO
RAUBE N!

mand, nicht einmal Mama und Papa Dick, die gleich daneben standen und denen in diesem Augenblick ein Stein vom Herzen fiel.

Denn alle hörten nur Knirps aus vollem Halse rufen. »Nein!«, rief Knirps. »Nein! Ihr dürft meinen Onkel Roddi nicht verhaften! Rodrigo Raubein ist es nicht gewesen! Er hat den Schatz nicht geraubt! Er hat auch die Prinzessin nicht entführt! Das bin ich gewesen! Und den Schatz hat ...«

Den Rest hörte leider schon wieder niemand mehr. Die Wahrheit des Knirps ging in einem schrecklichen Durcheinander unter, und Rabanus Rochus war schlau und geistesgegenwärtig genug, dieses Durcheinander durch die richtigen Worte zu befeuern. Er hatte keine Ahnung, wo dieser kleine Hanswurst herkam, aber Rabanus Rochus hatte die Prinzessin entdeckt, die er eben noch in seinem Turm gewähnt hatte. Sein Plan war in höchster Gefahr und er wusste ihn zu retten.

»Das ist Rodrigo Raubein!«, rief Rabanus Rochus also schnell und zeigte mit dem Finger auf den großen Mann, an dessen Hals der seltsame Junge in seinem schmutzigen Hanswurstkostüm hing. »Nehmt ihn fest!«, rief Rabanus Rochus. »Nehmt sie alle fest! Die Räuber sind unter uns! Sie haben sich als Puppenspieler verkleidet! Sie haben sich als Puppenspieler ins Schloss geschlichen!«

Und weil die Lage so undurchsichtig war und Rabanus Rochus so entschlossen, taten der General und seine Ritter wie geheißen. Jeden einzelnen der angeblichen Räuber schnappten sie sich – den verdatterten Rodrigo Raubein und Knirps an seinem Hals, die vor Freude und Angst halb ohnmächtigen Dicks und sogar die zeternde Flip in ihren Räuberkleidern, die im Durcheinander dieses eine Mal niemandem glaubhaft machen konnte, dass sie in Wahrheit eine Prinzessin war. Der König hätte sie natürlich erkennen können, aber der König war ohne Bewusstsein und Verstand.

Der Hofmedicus fächelte Kilian, während alles in der Schatzkammer tobte, Luft zu und fand die Situation höchst sonderbar. Padrubel sah, wie Ritter und Wachleute den Jungen, das Mädchen und die drei Puppenspieler fortschafften, und fragte sich, ob hier wohl alles mit rechten Dingen zuging. Dann warf er einen Blick auf den triumphierenden Rabanus Rochus und kratzte sich zweifelnd den Silberbart. Das, dachte der Medicus Padrubel, konnte unmöglich schon die ganze Geschichte sein.

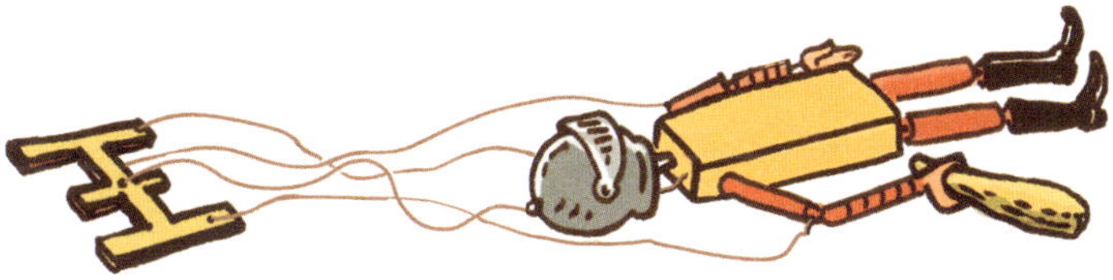

Dreizehntes Kapitel

in welchem Rodrigo Raubein und Knirps, sein Knappe, am falschen Ort das Richtige sagen

Im Kerker König Kilians des Letzten saßen Rodrigo Raubein, die Prinzessin Flip, Mama Dick und Papa Dick wie Vögel auf der Stange. Sie saßen auf der einzigen Pritsche, die es in ihrer Gefängniszelle gab. Hinter den Gittern, die ihre karge Zelle von einem Vorraum abtrennten, baumelte eine Ölfunzel und tauchte den Raum in ein schwaches, gelbes Licht.

Einzig Knirps fand nicht die Ruhe, sich hinzusetzen, und lief vor der Pritsche auf und ab. Er machte sich die schlimmsten Vorwürfe. Er konnte gar nicht fassen, was er da angerichtet hatte.

»Dann hat also überhaupt niemand gewusst, dass du Rodrigo Raubein bist?«, rief er zum hundertsten Mal. »Dann sind wir also nur verhaftet worden, weil ich dir um den Hals gefallen bin?« Knirps schüttelte entgeistert den Kopf. »Dann habe ich dich verraten, Onkel Roddi! Und wenn ich dich verraten habe, dann kann ich niemals mehr dein Knappe sein!« Knirps raufte sich die roten, reichlich verfilzten Haare.

Rodrigo Raubein seufzte, aber er seufzte vor Erleichterung. Er war erleichtert, Knirps wiedergefunden zu haben, aber – selbst wenn ihr das nicht glauben wollt – er war auch erleichtert, in König Kilians Kerker zu sitzen. Denn er hatte so lange mit dem Schlimmsten gerechnet und sich das Schlimmste so lange ausgemalt, dass ihm das Schlimme, als es eintrat, so schlimm gar nicht vorkam. So ist das nämlich mit der Angst – sie neigt zur Übertreibung.

Und da war noch etwas, das Rodrigo Raubein seltsam beruhigte: Er musste, jetzt wo er im Kerker saß, nicht länger verbergen, dass er Rodrigo Raubein war. Und dass dieser Rodrigo Raubein in Wahrheit kein Raubritter war, wollte er nun auch nicht länger verbergen. Er war die Verstellung leid. Er wollte endlich er selber sein. Er hatte Knirps etwas zu sagen.

»Knirps«, fing er deshalb an. »Es hat viel Gutes, dass du mich verraten hast. Du musst dich also nicht grämen. Und mein Knappe könntest du immer und unter allen Umständen sein. Es wäre mir sogar eine Ehre, Knirps, auch wenn ich es nicht richtig finde, dass du die Prinzessin entführt hast.«

Rodrigo Raubein beugte sich auf der Pritsche vor, um Flip einen mitleidsvollen Blick zuzuwerfen, aber Flip winkte ab. Sie war nicht sauer auf Knirps. Sie war sauer auf Rabanus Rochus und alle, die sie nicht als Prinzessin erkannt hatten.

Rodrigo Raubein fuhr fort. »Noch einmal, Knirps, du könntest jederzeit mein Knappe sein. Ich glaube nur nicht, dass du noch mein Knappe sein möchtest, wenn du erst erfährst, wer ich in Wahrheit bin.«

»Ach nein?«, sagte Knirps und verschränkte die Arme vor der Brust, wie es die Prinzessin manchmal tat. »Und wieso nicht, Onkel Roddi?«

»Weil ich nicht der bin, der du glaubst, dass ich bin«, seufzte Rodrigo Raubein. Es war ihm schon damals in der Schauderburg nicht leichtgefallen, dem Papagei gegenüber zuzugeben, dass er den Raubritter nur spielte. Es nun Knirps zu gestehen, fiel ihm aber noch tausendmal schwerer.

»Ach, Onkel Roddi«, sagte da Knirps. »Sprichst du von der Gipswerkstatt, in der du die Skelette und Totenschädel bastelst? Das weiß ich doch schon lange, Onkel Roddi! Flip hat mir alles erklärt.«

Rodrigo Raubein stand der Mund offen. Er starrte Knirps, die kluge Prinzessin und dann wieder Knirps an.

»Und dass du den Ritter Bogumil Drohmir und die Eisriesen nur erfunden hast, das weiß ich auch!«, rief Knirps.

»Das weißt du?«, fragte Rodrigo Raubein heiser.

Knirps nickte mit großem Ernst. »Deshalb habe ich mir ja so arge Vorwürfe gemacht, Onkel Roddi«, sagte er. »Wenn ich gewusst hätte, dass du gar kein richtiger Raubritter bist, hätte ich deinen Namen natürlich nicht an die Kutschenwand geschrieben! Das war sehr böse von mir.«

»Aber das war doch nicht böse!« Rodrigo Raubein sprang auf. Fast zwei Meter groß stand er nun in der Zelle, in seinen verwaschenen Unterkleidern. »Jetzt hör mir mal zu, Knirps. Ich war es, der böse war. Ich hätte dich niemals fortschicken dürfen, um ein schweres und gefährliches Verbrechen zu begehen. Das war böse! Ich wollte meine Ruhe und hatte Angst, dass du sie störst. Deshalb habe ich dir diesen Bären mit der Probe aufgebunden. Das war abscheulich von mir!«

»Ach, mit Bären komme ich klar!«, rief Knirps. »Und wenn

du mich nicht losgeschickt hättest, hätte ich Flip ja niemals kennengelernt.« Jetzt warf Knirps der Prinzessin einen scheuen Blick zu. Jetzt war es raus, dass er sie gerne mochte. »Nein, Onkel Roddi«, fuhr er dann fort, »du kannst sagen, was du willst. Ich bin der Bösewicht gewesen, weil ich nicht wusste, was an Bösem in mir steckt. Und was hättest du denn auch tun sollen, als ich da plötzlich frech vor deinem Burgtor stand? Ich habe dich ja geradezu gezwungen, mir einen Bären aufzubinden. Und außerdem habe ich den Blumentopf der armen Tusnelda zerbrochen!«

Rodrigo Raubein musste lächeln, als die Rede auf Tusnelda, den zarten Kaktus, kam. »Weißt du, Knirps«, sagte er. »Du magst dich jetzt für einen Bösewicht halten, aber ich habe dir zu danken. Denn du hast es mit mir genauso wie mit der zarten Tusnelda gemacht. So wie ihren Blumentopf hast du mein Gefängnis zerbrochen, wie es eben deine Art ist. Nur deinetwegen habe ich mich aus der Schauderburg gewagt. Ohne dich hätte ich mich das niemals getraut.« Beinahe hätte er noch hinzugefügt, dass er auch nur dank Knirps das Marionettenspiel kennengelernt habe, aber darüber schwieg er dann doch. Über Dinge, die einem sehr am Herzen liegen, spricht man nur ungern im Vorübergehen.

»Vielleicht hat er ja wirklich dein Gefängnis zerbrochen«, mischte sich da Flip ein. »Aber es ist schon ein bisschen komisch, dass du das ausgerechnet in einem Gefängnis sagst, Onkel Roddi.«

Flip nannte Rodrigo Raubein so, weil Knirps ihn Onkel Roddi nannte. Außerdem kam ihr Rodrigo Raubein kein bisschen raubeinig vor. Obwohl er so groß und schwarzbärtig war, schien er ihr so zart wie sein liebster Kaktus zu sein.

»Das mag stimmen.« Rodrigo Raubein lächelte wieder. »Aber

König Kilians Kerker ist ein äußeres Gefängnis. In der Schauderburg habe ich in einem inneren gesteckt.«

»Ich muss dir aber mehr danken als du mir!«, rief da Knirps. »Bevor ich erfahren habe, in welche Lage ich dich gebracht hatte, habe ich weder Tod noch Teufel gefürchtet, aber danach habe ich Angst um dich gehabt. Und Angst«, rief er, »ist ein ganz besonderes Gefühl! Da schlägt einem das Herz wie wild! Es wird einem ganz komisch im Magen! Manchmal kann man sich kaum rühren, aber manchmal ist man plötzlich auch stark wie ein Bär! Und das weiß ich alles nur deinetwegen, Onkel Roddi!«

Mama Dick seufzte hörbar und Papa Dick schüttelte stumm den Kopf. Was hatten sie da nur für einen Jungen, der die Angst erst nicht kannte und dann so tat, als wäre sie ein Zaubertrank.

»Ich glaube«, rief Knirps jetzt aufgeregt, »dass ein Ritter erst ein richtiger Ritter ist, wenn er die Angst kennt. Sie lehrt ihn, die guten von den bösen Taten zu unterscheiden. Und sie lehrt ihn, so er sie überwindet, den Mut. Richtig, Onkel Roddi? Um böse zu sein, braucht man keinen Mut. Mut braucht man nur für das Gute.«

»Das könnte wohl sein«, sagte Rodrigo Raubein und dachte an den Moment, als er zum ersten Mal den Puppenwagen bestiegen hatte. Und dann dachte er daran, wie er zugestimmt hatte, eine Marionette zu führen. Er war trotz seines schlimmen Lampenfiebers auf die Bühne gegangen und hatte hinter der Possenburg darauf gewartet, dass sich der Vorhang hob. Und falls sich dieser Vorhang tatsächlich gehoben hätte, hätte er, der sonst so furchtsame Rodrigo Raubein, sich ernsthaft getraut mitzuspielen. Vielleicht war das überhaupt das Mutigste, das er je getan hatte. Oder doch wenigstens beinahe getan hätte.

»Und? Habt ihr das jetzt geklärt?«, fragte, nachdem es eine Weile still gewesen war, die Prinzessin Flip. »Oder wollt ihr weiterdiskutieren, wer von euch mehr Bosheit in sich trägt? Solltet ihr einen Schiedsrichter brauchen, der das entscheidet, übernehme ich diese Aufgabe gern. Also: Keiner von euch beiden taugt als Bösewicht. Aber es gibt hier im Schloss jemanden, der so böse ist, dass ich es kaum aushalte!«

»Rabanus Rochus!«, riefen alle wie aus einem Mund. Denn über den Zauberer hatten Flip und Knirps, Rodrigo Raubein und die Dicks in der Zelle natürlich auch gesprochen. Schließlich hatten Flip und Knirps im Zaubererturm genug mitgehört, um Rabanus Rochus' teuflischen Plan zu kennen. Sie waren sich sicher, dass niemand anders als der Hofzauberer Rodrigo Raubeins Namen an die Schatzkammerwand geschrieben hatte.

»Rabanus Rochus!«, riefen sie ein zweites Mal, aber diesmal nicht, weil Flip von ihm gesprochen hatte, sondern weil der Zauberer, mit einer Pechfackel bewaffnet, gerade in König Kilians Kerker erschien.

»Ha!«, rief Rabanus Rochus zur Begrüßung. »Da sitzt ihr und suhlt euch in eurem Unglück. So ist es recht!« Er trat an das Gitter und leuchtete mit der Fackel in die Zelle. »Und? Bereut ihr es schon, dem schlauen Rabanus Rochus in die Quere gekommen zu sein?«

Alle, sogar die übervorsichtigen Dicks, warfen dem Zauberer böse Blicke zu. Alle, sogar der vorlaute Knirps, schwiegen still. Auch wenn Knirps am liebsten die Gitterstäbe aufgebogen und sich auf Rabanus Rochus gestürzt hätte.

Rabanus Rochus lachte meckernd. »Tja, ihr habt mir in eurer gutgläubigen Dummheit einen Gefallen nach dem anderen getan. Deshalb dachte ich, ich komme mal runter und sage Danke. Der kleine Hanswurst hier hat die Prinzessin entführt, gerade

als ich sie selbst entführen lassen wollte. So war es doch, oder? Dann wurde der edle Ritter Raubein verdächtigt, als ich dringend einen Verdächtigen brauchte. Frau und Herr Puppenspieler haben sämtliche Wachen abgelenkt, als es Zeit wurde, den Schatz zu stehlen. Die Prinzessin erschien freundlicherweise in Räuberkleidern, damit sie niemand erkannte, und zu guter Letzt hat dieser kleine Hanswurst dann auch noch mit dem Finger auf den Räuber gezeigt. Bestens! Danke, danke, danke, meine Damen und Herren!« Rabanus Rochus kam aus dem Lachen gar nicht mehr heraus.

»Du hältst dich wohl für besonders schlau«, sagte Flip mit kalter Wut.

»Ich halte mich nicht für schlau, ich bin es!«, rief Rabanus Rochus. »Und ganz bestimmt bin ich schlauer als du. Wobei ich schon gern wüsste, wie du es angestellt hast, aus dem Turm zu entkommen. Hat dich der kleine Hanswurst befreit? Oder hast du die Tür ganz alleine aufgebrochen? Ich hätte wohl besser mal meinen Keller aufgeräumt. Aber sei's drum. Auch dieser kleine Fehler hat sich in meinen Vorteil verkehrt. Alles hat sich für mich zum Vorteil gewendet.«

»Ich habe alles mit angehört!«, sagte Flip. »Ich weiß, dass du dem Drachen den Schatz überlassen hast, um König zu werden! Du wirst ein armer König sein!«

»Aber doch ein König!«, rief Rabanus Rochus, obwohl Flip hier einen wunden Punkt getroffen hatte. »Anders als du, Prinzessin, werde ich bald auf dem Thron sitzen. Kilian wird den ständigen Kummer nicht überstehen. Jeden Augenblick geht es mit ihm zu Ende. Dafür waren Gold und Edelsteine ein geringer Preis! Und war es nicht eine geniale Idee von mir, den Schatz in dieser Nacht zu rauben? Ich habe nicht zwei, ich habe drei Fliegen mit einer Klappe geschlagen. Ich habe das Puppenspiel verhindert, das Kilian vielleicht hätte retten können, auch wenn ich daran nicht glaube. Ich habe den dummen Drachen ausbezahlt. Und ich habe Kilian den letzten Stoß versetzt. Ha! Vielleicht sitze ich schon morgen früh auf dem Thron. Und dann werde ich Gericht über euch halten!«

»Gericht?« Mit gebrochener Stimme ließ sich Papa Dick vernehmen, der in diesem Augenblick fast so unglücklich wie König Kilian war. Sie waren doch nur arme Puppenspieler! »Was wird mit uns geschehen?«, jammerte er.

»Oh!« Rabanus Rochus hätte sich vor lauter Vorfreude gern die Hände gerieben, aber das ging mit der tropfenden Fackel schlecht. »Was euer Schicksal angeht, kennt meine Fantasie keine Grenzen. Aber ich glaube, ich schaffe euch ans Ende der Welt! Vielleicht verbanne ich euch in die Eiswüsten des Nordpols, wo die Eisriesen Eisboßeln mit euch spielen.«

Bei dem Wort »Eisriesen« merkte Knirps auf.

»Oder ich lasse euch auf einem sandigen Eiland in der Tiefsee aussetzen, wo ihr die Seeungeheuer beim Mittagsschlaf in der Brandung stört!«

Auch das Wort »Seeungeheuer« entging Knirps nicht.

»Aber natürlich«, rief Rabanus Rochus, »kommt auch Ghudipan infrage. Da könnt ihr dann auf einem Lavafeld inmitten eines Schwefelsees hausen und euch mit so tumben Toren wie Wak herumschlagen. Wusstet ihr schon, dass ghudipanische Drachen nichts außer Gespenstern fürchten? Vor einem Raubritter in Unterkleidern haben sie bestimmt keine Angst!«

Rodrigo Raubein schluckte schwer. Er fürchtete sich sowohl vor Eisriesen als auch vor Seeungeheuern und ganz bestimmt vor ghudipanischen Drachen.

»Nun ja.« Rabanus Rochus schwenkte die Fackel, als wollte er einen Schlussstrich ziehen. »Jetzt wisst ihr, was euch bevorsteht, und nun werde ich nach dem leidenden König sehen. Ich hoffe, es geht ihm noch schlechter als eben. Dann lässt dieser lästige Medicus Padrubel endlich von ihm ab. Den werde ich nämlich auch an den Nordpol oder nach Ghudipan schaffen. Ich halte seine gute Absicht einfach nicht länger aus!«

Und damit machte Rabanus Rochus kehrt und verließ den Kerker. Flip, Knirps, Rodrigo Raubein und die Dicks blieben betroffen zurück. Die eine war wütend, der andere dachte über Seeungeheuer und Eisriesen nach, der dritte machte sich schreckliche Vorwürfe und Mama und Papa Dick waren einfach am Boden zerstört.

»Wir wollen diesen Schurken doch nicht damit durchkommen lassen, oder?«, rief nach einer Weile Flip.

»Nein«, sagte Knirps. »Aber was sollen wir tun?«

»Wir sitzen ja im Kerker«, erinnerte Rodrigo Raubein.

»Und tief in der Tinte«, sagte Mama Dick.

»Jemand muss uns helfen«, sagte Flip. »Wir brauchen einen Verbündeten, der nicht mit uns im Kerker sitzt.«

»Ja, aber wen?«, sagte Knirps und dachte so angestrengt nach, dass ihm gleich der Kopf wehtat.

»Wenn ich es recht verstanden habe, ist der Hofmedicus Padrubel kein Freund von Rabanus Rochus«, sagte Flip. »Andererseits hat er alle Hände voll zu tun, Onkel Kilian zu pflegen. Wahrscheinlich hat er keine Ahnung, was hier vor sich geht.«

»Ach«, sagte Rodrigo Raubein. »Wenn Sokrates doch jetzt hier wäre! Er hat sich immer kluge Gedanken darüber gemacht, wie diese Geschichte weitergeht.«

»Sokrates?«, sagte Knirps.

»Sokrates?«, sagten Mama und Papa Dick.

»Ja, wo steckt der überhaupt?«, fragte Knirps.

Doch wo der Papagei abgeblieben war, wusste niemand.

Vierzehntes Kapitel

in welchem Sokrates und der
Hofmedicus Padrubel über einen guten Schluss
für diese Geschichte grübeln

Ja, wo steckte eigentlich Sokrates?

Nun, in diesem Augenblick hockte er wie eine x-beliebige Briefkrähe auf einer der Zinnen des Zaubererturms und versuchte den grässlichen Schwefelgestank aus dem Gefieder zu kriegen.

Er schaute zum Mond auf und fühlte sich klein und unbedeutend. Er hatte alle Kraft und Klugheit, die er besaß, auf diese Geschichte verwendet, aber diese Geschichte hatte ihn besiegt. Er hatte ihr zweites und vielleicht auch ihr drittes Kapitel überspringen wollen, um Knirps dann im vierten Kapitel abzupassen – und jetzt? Jetzt hockte Sokrates nicht im vierten, sondern im vierzehnten Kapitel auf den Zinnen eines ihm eben noch unbekannten Turms und hatte noch immer keine Ahnung, wo Knirps steckte und was er trieb.

Dabei war ihm eben noch, als Rabanus Rochus die Türen zum Theatersaal aufgestoßen und den Diebstahl des königlichen Schatzes gemeldet hatte, alles sonnenklar gewesen! Der tollwütige Knirps, so war ihm plötzlich aufgegangen, hatte es schon die ganze Zeit auf den Schatz König Kilians abgesehen! Auf dem Weg zum Schloss hatte Knirps quasi nebenbei die Prinzessin entführt, aber erst in der Schatzkammer hatte sich sein Plan erfüllt. Während der Hofstaat abgelenkt war, weil Ephraim Emanuel Dick eines seiner öden Puppenspiele aufführte, hatte Knirps den königlichen Schatz gestohlen und damit genau das schwere Verbrechen begangen, das er die ganze Zeit hatte begehen wollen!

Das waren Sokrates' Gedanken gewesen, als er vor allen anderen aus dem Theatersaal schoss, um Knirps auf seiner Flucht zu stellen. Bestimmt hatte der Junge schwer am königlichen Schatz zu tragen – es würde Sokrates ein Leichtes sein, ihn einzuholen.

Der Papagei fand ein offenes Fenster und flatterte hinaus in die Dunkelheit. Sokrates schlug wie wild mit den Flügeln, schoss über die Schlossterrasse hinweg in den Park und segelte über kunstvoll beschnittene Hecken und unter prächtigen alten Bäumen hindurch. Er behielt den Boden im Blick, weil er nach dem flüchtenden Knirps Ausschau hielt, und wunderte sich sehr, als ihm auf einmal ein beißender Schwefelgeruch in die Nasenlöcher stieg. Eine richtige Schwefelfahne war das und Sokrates' scharfer Papageienblick folgte ihr nach oben. Der Papagei sah in den dunklen Himmel hinauf, und das Erste, was er dort entdeckte, war ein weißes, prall gefülltes, vor allem aber schwebendes Betttuch, aus dem goldene Kelche und Kerzenleuchter ragten.

Für einen Augenblick setzte Sokrates' Flügelschlag aus. Der Papagei sackte ab, aber er fing sich wieder. Betttücher schwebten nicht, sagte er sich. Knirpse allerdings konnten nicht fliegen. Oder war diese Geschichte eine von der Sorte, in der kleine Jungen plötzlich doch fliegen konnten? Es gab solche Geschichten im Geschichtenbuch und der nüchterne Papagei schätzte sie nicht besonders. Ihm waren Geschichten lieber, die von etwas erzählten, das es wirklich gab: Ritter, Zauberer und Drachen zum Beispiel.

Drachen! Kaum hatte Sokrates diesen Gedanken zu Ende gedacht, sah er den Drachen Wak durch einen hellen Streifen Mondlicht fliegen, und wie nie zuvor loderte die Wut in ihm auf. Nicht Knirps, sondern dieser Drache hatte den Schatz gestohlen!

Und es war auch nicht irgendein Drache, sondern ein nachtschwarzer, wie er im Puppenwagen hing! Hatte Sokrates nicht einen solchen Drachen in dieser Geschichte vermutet? Und hatte er diese Vermutung nicht eben erst wortreich begraben? Ja, hielt ihn diese Geschichte denn nur zum Narren? Hatte sie keine andere Rolle für ihn vorgesehen als die des Tölpels, der durch die Kapitel stolpert?

Und wer zum Teufel war dieser nachtschwarze Drache überhaupt? Und warum landete er jetzt auf den Zinnen des finsteren Zaubererturms, statt mit seiner Beute das Weite zu suchen?

Sokrates nahm augenblicklich die Verfolgung auf. Wie ein Pfeil schoss er zum Zaubererturm hinauf und landete atemlos auf einer der Zinnen. Unter sich im Turm hörte er den Drachen rumoren und klimpern. Denn Wak drängte sich gerade mitsamt seiner Beute durch den engen Treppenschacht, rund und rund und tiefer und tiefer. Er wollte die Prinzessin Flip abholen, um sie auf einer einsamen Insel im Schwefelmeer auszusetzen.

Sokrates stieg ihm durch den feuchten Treppenschacht nach. Er hüpfte Stufe für Stufe tiefer, immer dem Schein des Drachenfeuers hinterher, mit vom Schwefeldampf juckenden Augen.

Schließlich erreichte Wak die aufgebrochene Tür zum zweittiefsten Keller, schnüffelte einmal durch das leere Rund und musste erkennen, dass die Prinzessin ausgerückt war. Sokrates sah ihm vom Treppenschacht aus zu. Er hatte keine Ahnung, wonach der Drache suchte. Vorwitzig hüpfte er auch noch von der letzten Stufe und wagte sich in den Keller hinein – gerade als Wak mit der schuppigen Schulter zuckte und kehrtmachte.

»Dann ist sie eben weg«, brummte der Drache. »Mir soll es recht sein. Dann muss ich wenigstens keinen Umweg fliegen, um sie auszusetzen.« Er stieß einen lodernden Feuerstrahl aus, und im Keller wurde es plötzlich so heiß, dass Sokrates fürchtete, seine Federn könnten schmelzen.

»Auf Nimmerwiedersehen, Keller!«, hörte Sokrates den Drachen fauchen und im selben Moment hüllte ihn eine besonders dichte, beißende Schwefelwolke ein. Der Papagei konnte den Drachen nicht mehr sehen. Er konnte ihn nur noch hören, auch wenn dieses Ungeheuer für Sokrates bisher in Rätseln sprach.

»Ich suche mir jetzt ein schönes Plätzchen in der leeren Räuberburg und da komme ich dann auf meinem Schatz zu liegen!«, brummte Wak und plötzlich war sein schwerer, schuppiger Drachenleib ganz nah. Sokrates konnte auf die Schnelle nicht mehr ausweichen und mit dem nächsten Schritt fegte Waks Tatze den kleinen Papagei zur Seite.

Sokrates segelte ganz ohne sein Zutun durch den gelben Qualm und landete unsanft und verdreht auf dem harten Kellerboden. Als er sich zerrupft und nach Schwefel stinkend wieder aufgerappelt hatte, zwängte sich Wak schon durch den engen Treppenschacht. Er hatte den kleinen Papagei nicht einmal bemerkt. Und bis Sokrates seine schmerzenden Vogelknochen die Treppe hinaufgeschleppt hatte, war Wak mit seinem prall gefüllten Betttuch schon in die Nacht hinausgeflogen.

Sokrates blieb besiegt und ratlos auf der Zinne des Zaubererturms zurück – ebenda, wo wir ihn zu Beginn dieses Kapitels vorgefunden haben. Was blieb ihm jetzt noch anderes, als zurück in den Theatersaal zu fliegen? Der Dieb war ein Drache und das mussten alle erfahren.

Doch wie ihr euch denken könnt, fand Sokrates den Theatersaal verwaist. Vor der ungenutzten Possenburg auf der Bühne lagen nur umgestürzte Stühle, sogar die Lichter waren gelöscht, und der Papagei, der draußen vor einem der großen Fenster gelandet war, brauchte die ganze Schärfe seines Blicks, um im Saal überhaupt etwas zu erkennen. Seine Ratlosigkeit wurde immer größer. Waren jetzt nicht nur Knirps und die entführte Prinzessin, sondern auch die Dicks und Rodrigo Raubein verschwunden? War die Geschichte einfach weitergegangen und hatte ihn hier draußen im Dunkeln vergessen?

Er hob wieder ab, um zum Puppenwagen in der Schlosseinfahrt zu fliegen. Gewiss war das Puppenspiel ganz abgesagt worden, und wo sonst als im Puppenwagen sollten die Dicks und der Räuber unter solchen Umständen schon sein?

Doch Sokrates kam nicht weit, denn kaum dass er um die nächste Schlossecke geflogen war, fuhr ihm der Schreck in die Glieder.

»OJE!«, schallte es aus einem offenen Fenster. »ICH BIN KEIN KÖNIG MEHR, ICH BIN EINE ARME KIRCHENMAUS! NICHTS ALS MEINE GOLDENE KRONE IST MIR GEBLIEBEN UND DIE DRÜCKT MICH SCHON SEIT JAHR UND TAG! NEHMT MIR DIE KRONE AB, PADRUBEL! ICH

KRIEGE BLAUE FLECKEN DAVON UND WÜRDIG BIN ICH IHRER AUCH NICHT!«

Kilians Lieblingsleibdiener hatte selten eine längere Klage seines Königs herausbrüllen müssen, und noch bevor er damit fertig war, war Sokrates auf dem Sims vor dem offenen Fenster gelandet. Es war nicht sein Verdienst, sondern schieres, unverdientes Glück, aber er hatte soeben das königliche Schlafgemach entdeckt. Er ordnete sorgfältig mit dem Schnabel ein paar abstehende Federn. Dann spähte Sokrates durch das offene Fenster hinein.

Der Hofmedicus Padrubel beugte sich gerade über den König, der in seiner Kissengruft lag und anders, als Sokrates vermutet hätte, seine Krone gar nicht trug.

»Er träumt«, sagte der Hofmedicus Padrubel zum Leibdiener, der neben der Kissengruft stand, als hätte er einen Besen verschluckt. »Du musst nicht übersetzen, was er im Schlaf murmelt. Wir wollen ihn nicht mit seinen eigenen Klagen wecken. Er soll schlafen, bis ich weiß, wie ich ihm helfen kann.«

Der Leibdiener nickte, und Padrubel ging nachdenklich auf das Fenster zu, wo er sich seufzend in einen damastbespannten Sessel fallen ließ und anfing, in einem großen Buch zu blättern.

Ein leises Hüsteln ließ ihn aufschrecken. Es kam vom offenen Fenster her. Padrubel hob den Kopf und sah hinaus. »Ach du liebes bisschen!«, sagte er. »Das ist ja der Papagei!«

»Sokrates ist der Name«, sagte Sokrates.

»Guten Abend, Sokrates«, sagte Padrubel, erhob sich aus dem Sessel und trat ans Fenster. »Ich habe dich mit den Puppenspielern ankommen sehen. Nur hatte ich keine Ahnung, dass du sprechen kannst. Aber ich weiß, Papageien sind gelehrige Vögel.«

»So gelehrig nun auch wieder nicht«, sagte Sokrates und

sprach aus tiefstem Herzen. Es hatte eine Zeit gegeben, da er stolz auf seine Klugheit gewesen war. Doch seit er Knirps nachjagte, plagten ihn Zweifel, und nie waren sie ärger gewesen als in diesem Augenblick.

»Nicht?«, fragte Padrubel und ein Lächeln wanderte durch seinen Silberbart. »Wenn du gekommen bist, damit ich deinen Trübsinn heile, Sokrates, muss ich dich leider wieder fortschicken. Gegen die Melancholie weiß ich kein Mittel, wie du siehst.« Er wies auf die königliche Kissengruft, wo der melancholische Kilian ruhte. »Ich hatte gehofft, ein lustiges Puppenspiel könnte ihn kurieren, aber dazu ist es ja nicht gekommen.«

»Das Puppenspiel wäre ohnehin nicht lustig gewesen«, sagte Sokrates. »Ephraim Emanuel Dick ist nämlich ein Stümper.« Es tat Sokrates seltsam gut, hier zu sitzen und mit dem Hofmedicus zu sprechen. Es kam ihm vor, als teilten sie ihr Leid. Schließlich waren weder Sokrates noch Padrubel in dieser Geschichte vorangekommen – Knirps war immer noch weg und der König war immer noch melancholisch. Andererseits war Sokrates nur ein kleiner Papagei und kein berühmter Medicus, weshalb sich solche Vergleiche verboten.

»Stümper können sehr lustig sein«, wandte Padrubel ein. »Aber es wundert mich nicht, dass seine Stücke nichts taugen. Er ist ja auch kein Puppenspieler, sondern ein Räuber.«

»Ephraim Emanuel Dick?«, krächzte Sokrates. »Ephraim Emanuel Dick soll ein Räuber sein? Wie kommt Ihr denn darauf, verehrter Padrubel? Mit Verlaub, aber einen solchen Unsinn habe ich in fast hundert Jahren nicht gehört!«

»Dann ist er kein Räuber?«, fragte Padrubel. Er hatte ja schon lange den Verdacht, dass etwas faul war in König Kilians Reich. Und in König Kilians Schatzkammer war etwas ganz besonders faul gewesen.

»Ephraim Emanuel Dick ist ein Puppenspieler. Ein schlechter zwar, aber doch ein Puppenspieler«, krächzte Sokrates.

»Dennoch«, sagte der Medicus, »ist er soeben als Räuber verhaftet worden. Wenn du ihn suchen solltest, er sitzt im königlichen Kerker ein. Es heißt, er gehöre zur Raubritterbande des Rodrigo Raubein.«

»Raubritterbande?«, kreischte Sokrates. »Was für eine Raubritterbande?«

»Nun«, sagte Padrubel. »Das müsstest du eigentlich wissen, Sokrates. Denn wie man hört, habt ihr Räuber euch allesamt als Puppenspieler verkleidet. Und während ihr den Hofstaat mit eurem Puppentheater abgelenkt habt, haben eure Räuberkinder den Schatz geraubt.«

Auf der Fensterbank rang Sokrates nach Atem. »Was für Räuberkinder?«, stöhnte er.

»Ein Mädchen im Räuberwams und ein sehr schmutziger Junge in einem auffälligen Harlekinskostüm«, sagte Padrubel.

»Knirps!«, entfuhr es dem Papagei, und vor lauter Aufregung begann er, auf der Fensterbank Runden zu drehen. »Das kann doch nicht wahr sein! Knirps ist hier?«

»Falls dieser Knirps der Junge im Harlekinskostüm ist, dann sitzt auch er im Kerker«, sagte Padrubel. »Er ist plötzlich in der Schatzkammer aufgetaucht.«

»In der Schatzkammer?«, krächzte Sokrates. Er sah auf einmal aus wie nassgeregnet.

»Ja«, sagte Padrubel. »Und dann ist er dem Raubritter Rodrigo Raubein um den Hals gefallen, der sich unerkannt in der Menge verbarg. Kein Wunder, dass er sich verbarg, wo doch Rodrigo Raubeins Name an der Wand der ausgeraubten Schatzkammer stand.«

Sokrates' Schnabel klappte auf und zu. Die Ereignisse hatten sich offenbar überschlagen – und zwar ganz ohne ihn. Die Geschichte, der er nun seit Tagen nachjagte, hatte binnen weniger Augenblicke nicht eine, sondern gleich drei oder vier Wendungen genommen, und er hatte nicht nur keine davon vorhergesehen, er hatte sie auch alle verpasst.

Mit trübem Blick sah Sokrates zu Padrubel auf. »Wisst Ihr«, krächzte er endlich, »alles hat damit angefangen, dass Knirps in einer stürmischen Mittwochnacht davongelaufen ist, um der Knappe des Raubritters Rodrigo Raubein zu werden.«

»Ach ja?«, sagte Padrubel und stützte die Arme auf die Fensterbank und den Silberbart in die Hände, als richtete er sich für eine gute Geschichte ein.

»So weit bin ich noch mitgekommen«, krächzte Sokrates. »Aber dann ist alles furchtbar durcheinandergeraten. Zum Beispiel habe ich anfangs vermutet, dass ein schwarzer Ritter auftaucht.«

»So?«, sagte Padrubel. »Und?«

»Nun, der schwarze Ritter ist ausgeblieben«, sagte Sokrates. »Er hatte mit der Sache nichts zu tun.«

»Hm«, machte Padrubel. »Aber er hätte auftauchen können, nicht wahr? Nur wäre es dann eine andere Geschichte geworden, und wir würden sie uns ein andermal erzählen. Natürlich nur, wenn wir uns unter diesen Umständen überhaupt begegnet wären«, fügte er hinzu.

»Ja«, sagte Sokrates im Brustton der Überzeugung. »Das ist das große Problem – dass eines immer zum anderen führt. Wenn ich zum Beispiel den Rodrigo Raubein nicht überredet hätte, die Schauderburg zu verlassen, hätte der General, den Ihr ausgeschickt habt, am Rande des Bangewalds kein Puppentheater gefunden, und wir wären uns nie begegnet. Andererseits hättet Ihr gar kein Puppentheater gebraucht, wenn Knirps nicht die

Prinzessin entführt und damit den König in eine besonders tiefe Melancholie gestürzt hätte.«

»Es werden immer Puppentheater gebraucht«, sagte Padrubel. »Ohne Puppentheater geht es nicht.«

»Mag sein«, sagte Sokrates. »Aber worauf ich hinauswill, ist, dass ich es nur schlimmer gemacht habe. Ich habe die Geschichte nicht entwirrt, sondern nur noch wirrer gemacht.«

»Nun«, sagte Padrubel. »Die ganze Welt ist eine große Geschichte und wir spielen darin mit. Sag mal, Sokrates, willst du nicht versuchen, mir alles der Reihe nach zu erzählen?«

»Der Reihe nach?« Sokrates seufzte. »Meistens ist alles gleichzeitig geschehen, verehrter Padrubel, aber ich will es versuchen.« Und damit begann Sokrates seinen Bericht, bis er schließlich an der Stelle war, wo ihn der stinkende Drache in Rabanus Rochus' finsterem Turm zur Seite fegte.

»Autsch«, sagte Padrubel. »Aber beschreibe mir diesen Drachen, lieber Sokrates. Es gibt ja die verschiedensten Sorten.« Wie jeder kundige Medicus hatte Padrubel als junger Mann auch Drachenkunde studiert.

»Dieser Drache fliegt wie eine Fledermaus«, sagte Sokrates und dachte an die Drachenmarionette im Puppenwagen. »Vor allem aber ist er schwarz und in der Nacht so gut wie unsichtbar.«

»Sieh an«, sagte der Hofmedicus Padrubel und dachte an Rabanus Rochus. So langsam kam er dem Zauberer auf die Schliche. »Sag, Sokrates. Bist du denn ganz sicher, dass es nicht Knirps war, der den Schatz geraubt hat?«

»Ich bin mir in gar nichts mehr sicher«, seufzte Sokrates. »Aber wieso sollte Knirps einen Schatz rauben, um ihn dann einem dahergelaufenen Drachen zu schenken? Ach, verehrter Padrubel, ich habe so viele Möglichkeiten erwogen und so viele

Pläne gemacht und jedes Mal habe ich falsch gelegen!« Sokrates schüttelte fassungslos den kleinen bunten Kopf.

»Jetzt gräme dich nicht«, sagte der Medicus. »Geschichten kommt man mit Plänen nicht bei. Aber die Räubertochter, die Knirps mitgebracht hat, das wird doch wohl die Prinzessin sein, oder nicht?«

Auf diesen Gedanken war Sokrates noch gar nicht gekommen. Saß denn jetzt auch noch die Prinzessin im Kerker?

»Es kann nicht anders sein!«, rief Padrubel. »Und das ist eine gute Nachricht für meinen Patienten König Kilian. Ich denke, damit werde ich ihn wecken. Aber da ist noch etwas, um das wir uns kümmern müssen, Sokrates.«

»Und das wäre?«, fragte der Papagei. Er wusste, dass die Geschichte weitergehen musste, aber im Augenblick war er eigentlich zu erschöpft, um sie fortzusetzen.

»Wir müssen Rabanus Rochus das Handwerk legen«, sagte Padrubel. »Denn Rabanus Rochus hat den Drachen in die Schatzkammer geführt. Und gewiss hat er auch Rodrigo Raubeins Namen an die Wand geschrieben.«

»So?«, sagte Sokrates schwach. Wie oft war ihm der Zauberer aufgefallen, der im Puppenwagen von der Decke baumelte? Und was hatte er darauf gegeben? Zu wenig! Am liebsten hätte er den Kopf unter den Flügel gesteckt und sich in eine Geschichte geträumt, in der er klüger war als in dieser.

»Aber um Rabanus Rochus das Handwerk zu legen, müssten wir den Drachen finden«, sagte Padrubel leise. »Der Drache müsste Rabanus Rochus verraten. Er müsste alles gestehen. Und alle müssten hören, was er zu sagen hat – vor allem König Kilian, damit er seinen Hofzauberer entlässt.«

»Den Drachen finden?«, rief Sokrates. Plötzlich kehrten seine Lebensgeister zurück. Er hatte wieder etwas zu dieser Geschichte beizutragen. Er war zurück im Spiel. »Ich weiß, wo der Drache ist!«, rief er. »Er wollte mit dem Schatz in eine leere Räuberburg fliehen. Ganz bestimmt hat er die Schauderburg gemeint. Da ist doch jetzt niemand!«

»Wunderbar!« Padrubel klatschte in die Hände. Dann sah er in die Nacht hinaus und dachte nach. »Geschichten enden oft dort, wo sie begonnen haben. Wusstest du das, Sokrates?«

Fünfzehntes Kapitel

in welchem ganz besondere Puppen tanzen

Papa Dicks Puppentheater hatte den Königshof am Sonntag im Morgengrauen erreicht, am Montag im Morgengrauen verließ es ihn wieder. Während der Hofstaat noch schlief, rumpelte der hohe, kastenförmige Wagen davon. Papa und Mama Dick saßen auf dem Kutschbock, und im Puppenwagen drängten sich Knirps, Flip, Rodrigo Raubein und Sokrates, der dieses eine Mal einen gehörigen Wissensvorsprung hatte.

Denn kaum eine halbe Stunde zuvor waren der Papagei, der Hofmedicus Padrubel und der eingeweihte General in König Kilians Kerker erschienen und hatten die vermeintliche Räuberbande Rodrigo Raubeins klammheimlich aus ihrer Zelle befreit.

Ihr könnt euch vorstellen, wie überrascht Rodrigo Raubein, Knirps und die Eheleute Dick darüber waren. Einzig die Prinzessin hatte nichts anderes als ihre baldige Befreiung erwartet.

»Ihr habt aber lange gebraucht«, sagte sie, als sie in ihren Räuberkleidern aus der Zelle trat, um im schwachen Licht der Ölfunzel, die vor der Zelle hing, dann doch noch überrascht zu werden. Denn statt nun endlich ihre Prinzessinnen-Gemächer zu beziehen, sollte Flip, so erklärte es flüsternd der Hofmedicus Padrubel, zusammen mit Papa Dicks Puppentheater hinüber zur Schauderburg ziehen. Den Rest würde ihnen Sokrates auf der Fahrt zum Bangewald erläutern. Es gelte, den königlichen Schatz wiederzugewinnen und die Verschwörung des Hofzauberers Rabanus Rochus aufzudecken, und auf Papa Dicks Puppentheater würde eine Menge Arbeit warten.

Und so winkte der Hofmedicus wenig später dem davonrumpelnden Puppentheater nach. Dann machte er auf dem Absatz kehrt, um König Kilian zu wecken.

»Na warte, Rabanus Rochus«, murmelte er, bevor er den in seiner Kissengruft vergrabenen König an der Schulter rüttelte und sich dann sogleich die Ohren zuhielt, weil der übernächtigte Lieblingsleibdiener Kilians erste verschlafene Worte sogleich in den Morgen hinausbrüllte: »WAS? WIE? WARUM REISST IHR MICH AUS MEINEM SCHLUMMER? WAS SOLL ICH MIT DEM NÄCHSTEN GRAUSIGEN TAG?«

Doch als Padrubel dem König erklärte, dass die Prinzessin Filippa Annegunde Rosa in der Schauderburg auf ihn warte, ließ sich der König zum ersten Mal seit ihrer Entführung ohne Proteste ankleiden. Zwar stöhnte er und klagte über seine große Schwäche, doch immerhin sank er nicht wie sonst mehrfach in seine Kissengruft zurück und rettete sich auch kein einziges Mal in eine Ohnmacht. Stattdessen ließ er sich, die drückende Krone auf dem Kopf, in den Thronsessel setzen und zur goldenen Königskutsche tragen, die in der Schlosseinfahrt wartete.

Zwölf herrliche Schimmel hatte man vorgespannt, denn angeblich helfen auch weiße Pferde gegen die schwarze Melancholie. Außerdem wurden in der Kutsche strahlend weiße Kuchen und warme Milch gereicht. Zwar brüllte der Leibdiener Kilians Unbehagen aus der Kutsche heraus – »MUSS ES DENN UNBEDINGT EINE RÄUBERBURG SEIN? KANN SICH DIE PRINZESSIN NICHT NACH IHRER RÜCKKEHR IN MEINEM SCHLAFGEMACH EINFINDEN?« –, aber das beschloss Padrubel einmal mehr zu überhören.

Der Hofmedicus schritt die Marschkapelle ab, die die königliche Kutsche auf ihrer Reise zur Schauderburg begleiten sollte. Er begrüßte das Fähnlein Ritter und seinen geheimen Verbündeten, den General, die auf ihrem Zug zur Schauderburg die Vorhut bilden würden. Und dann sah er, um die Uhrzeit zu prüfen, zur Sonne hinauf, die mittlerweile frisch wie eine Zitrone am Morgenhimmel stand. Noch wartete Padrubel auf seinen Ehrengast. Noch wartete er auf Rabanus Rochus.

Der Hofzauberer hatte denkbar schlecht geschlafen. Einerseits hatte ihn die Aussicht, sich vielleicht schon am nächsten Tag auf den Königsthron setzen zu können, nicht zur Ruhe kommen lassen. Andererseits hatte ihn sein Strohsack gepikst, denn sein Bettlaken hatte er dem erpresserischen Wak gegeben, damit der Drache den Schatz darin fortschaffen konnte. Doch bald, dachte Rabanus Rochus, als er in seinem schwarzen Nachthemd unausgeschlafen vor die Tür des Zaubererturms trat, würde er in Kilians Kissenburg ruhen. Als König wartete der Schlaf der Könige auf ihn.

Dann wurde Rabanus Rochus eines Briefleins gewahr, das auf seiner Schwelle lag, und er erkannte das Siegel des Hofmedicus Padrubel. War das etwa schon die traurige Nachricht von Kilians nächtlichem Verscheiden? Rabanus Rochus kicherte in sich hinein, als er das Siegel aufbrach, doch beim Lesen wurde seine Miene zu Stein.

Werter Rabanus Rochus,

von Herzen froh, darf ich Euch Mitteilung machen, dass es mit der Gesundheit unseres geliebten Königs Kilian aufwärtsgeht. Die Prinzessin Filippa Annegunde Rosa wurde wiedergefunden! Der Hofstaat wird sich deshalb heute bei Tagesanbruch auf eine Reise begeben, die unseren geliebten König Kilian mit seiner so schmerzlich vermissten Thronfolgerin vereint. Da diese Reise uns aber durch den Bangewald führt, in dem, wie man hört, Sumpfdruden, Wurzelgnome und Kobolde hausen, ist die Begleitung durch einen kundigen Zauberer, wie Ihr es seid, unerlässlich. Ich bitte Euch also im Namen von König und General, bei Tagesanbruch vor dem Schloss zu erscheinen, um mit uns gemeinsam auf Reisen zu gehen.

Es grüßt: Padrubel, Hofmedicus

Rabanus Rochus war außer sich vor Zorn. Es war ein Unding, dass es dem alten Walfisch besser ging. Vor allem aber war es unmöglich, dass man die Prinzessin an einem fernen Ort gefunden hatte. Sie saß doch unerkannt im Kerker ein – dafür hatte Rabanus Rochus mit einer prachtvollen List eigenhändig gesorgt!

Stellte ihm der Hofmedicus mit diesem Brief also eine Falle? Wollte er erreichen, dass er, Rabanus Rochus, auf der Stelle in den Kerker eilte, um nachzusehen, ob die Prinzessin noch darin schmorte? Diesen Gefallen würde Rabanus Rochus dem Padrubel gewiss nicht tun! Denn dann wäre ja bewiesen, dass er die ganze Zeit gewusst hatte, dass die gefangene Räubertochter die Prinzessin war. Oh nein, Rabanus Rochus würde gute Miene zum bösen Spiel machen und mit auf Reisen gehen. Immerhin bestand die Möglichkeit, dass Padrubel irrte und man gar nicht die Prinzessin wiedergefunden hatte, sondern irgendwen anders, den man bloß mit der Prinzessin verwechselte! Und das wäre dann der nächste Schlag für König Kilian, denn nichts war so schlimm wie enttäuschte Hoffnung!

Rabanus Rochus eilte in den Turm zurück, entledigte sich der schwarzen Nachtmütze und warf sich den schwarzen Zaubermantel über. Dann lief er, den Hofmedicus verwünschend, durch den Schlosspark auf die wartende Reisegesellschaft zu.

»Werter Rabanus!«, rief Padrubel schon von Weitem. »Willkommen zu einer unvergesslichen Reise!«

Es gab an diesem langen Tag viele, die König Kilians Reise zur Schauderburg nicht vergessen würden, und die meisten von ihnen waren Sumpfdruden, Wurzelgnome und Kobolde. Sie fanden schon durch den Bangewald streifende Knirpse und Prinzessinnen schlimm und empörten sich über von bimmelnden Eseln gezogene Puppenwagen, die offenbar gar nicht häufig genug durch den Bangewald rumpeln konnten. Doch nichts davon hatte die Sumpfdruden, Wurzelgnome und Kobolde auf einen durch den Bangewald ziehenden Hofstaat vorbereitet!

Der Lärm war ohrenbetäubend. Eisenbeschlagene Pferde und Ritter in klappernden Rüstungen bahnten der königlichen Kutsche den Weg, und kaum waren sie vorüber, hörten Sumpfdruden, Wurzelgnome und Kobolde den Leibdiener König Kilians brüllen, der sich im Auftrag seines murmelnden Herrn darüber beschwerte, wie lang der Weg war und wie furchtbar schlecht. Und als endlich Pferde, Ritter, Diener und Kutsche vorübergezogen waren, rückte eine ganze Kapelle nach, die mit Trompetenschall und Tschingderassabum die gespenstisch stillen Bewohner des Bangewalds zur Verzweiflung trieb. Es sollen nicht wenige von ihnen an diesem Montag aus dem Bangewald ausgewandert sein, um ihren Spuk in fremde Wälder zu tragen, aber was dann und dort geschah, ist eine andere Geschichte, die eines Tages jemand anders erzählen soll.

Jedenfalls war der Zug König Kilians laut genug, dass Rodrigo Raubein und Knirps, sein Knappe, den Hofstaat schon von Weitem hörten. Zusammen warteten die beiden auf der Zugbrücke vor der Schauderburg.

»Es geht los«, sagte Knirps. »Bist du arg aufgeregt, Onkel Roddi?«

»Etwas Lampenfieber habe ich schon«, sagte Rodrigo Raubein. »Aber ein bisschen Angst muss sein.« Er sah den schmalen Felsenpfad hinunter, wo immer noch die Kreuze und Grabsteine standen. Die an den Felsen geschmiedeten Skelette aber waren verschwunden.

»Angst beflügelt«, sagte Knirps und nickte ernst.

Und damit sprangen sie über den Spalt, wo die Planke in der Zugbrücke fehlte, und kehrten durch das sperrangelweit offene Tor in die Schauderburg zurück. Das Schild am Tor hatten sie gerade erst angebracht.

ZUM PUPPENSPIEL HIER ENTLANG

stand auf dem Schild. Knirps hatte es mit Schlamm aus einem nahen Sumpfdrudenloch beschrieben.

Zusammen gingen Knirps und Rodrigo Raubein am Kartoffelacker und den Gemüsebeeten im Innenhof vorüber, betraten die Schauderburg und liefen an vermoderten Wandteppichen und nachgedunkelten Ahnenbildern vorbei in jenen staubigen Saal, auf dessen Bühne Rodrigo Raubeins ruppige Vorfahren einst Bänkelsänger und Puppenspieler gezwungen hatten, sie während ihrer Zechgelage zu unterhalten. Vielleicht erinnert ihr euch: Knirps und Flip waren schon einmal hier gewesen.

Auf den ersten Blick schien der Saal seitdem unverändert. Der fadenscheinige Vorhang war immer noch geschlossen, und auch die Spinnweben, die von der Decke und vor den ungeputzten Fenstern hingen, hatte niemand entfernt. Sie schienen den Saal in einen klebrigen Nebel zu hüllen, und weil es durch die alten Fenster zog, schwangen sie manchmal umher wie die Laken grau gewordener Gespenster.

Neu hingegen war die schummerige Beleuchtung, für die Sokrates nur die billigsten Kerzen aus Rodrigo Raubeins Vorrat ausgewählt hatte – solche nämlich, die böse flackerten und unheimlich tropften.

Und neu war auch der lange Balken, der hinter dem fadenscheinigen Vorhang auf halber Höhe über die gesamte Breite der Bühne verlief. Papa Dick, der kein besonderer Puppenspieler, aber ein sehr guter Heimwerker war, hatte ihn mithilfe der anderen eingezogen. Unter Sokrates' strengem Blick hatten sie alle schon darauf probegelegen und mit langen Armen die Marionetten geführt. Und auch in Rodrigo Raubeins Gipswerkstatt hatte es Veränderungen gegeben. Mama Dick hatte sie flugs in eine Puppenwerkstatt verwandelt und jede Menge neue Fäden an neue Marionetten geknüpft.

Mittlerweile dunkelte es vor den spinnwebverhangenen Saalfenstern, die billigen Kerzen flackerten wild und Kilians Kapelle kündigte mit einem Tusch den Hofstaat an.

»Auf eure Plätze!«, zischte Sokrates, und Rodrigo Raubein, Knirps, Flip und die Dicks verschwanden hinter der Bühne.

Wenig später zog der Hofstaat in den Saal ein, zuerst der General und seine Ritter und dann ein aufgeräumter Hofmedicus Padrubel, der einen missmutigen Rabanus Rochus untergehakt hatte. Hinter ihnen schwankte der Thronsessel Kilians auf den Schultern seiner Träger, und noch einmal dahinter folgten der Lieblingsleibdiener mit den großen Ohren, die Kutscher und die Kapelle, die keinen Mucks mehr machte, weil den Musikern plötzlich ein wenig unheimlich war. Wie die Spinnweben schwangen! Wie das Licht flackerte! Wie düster und unvorhersehbar hier drinnen im Saal alles war.

»ACH JE!«, übersetzte der Leibdiener das Murmeln seines Königs. »HÄTTE MAN HIER DENN NICHT EIN BISSCHEN PUTZEN KÖNNEN?« Aber anders als die leise Stimme Kilians zitterte die laute Stimme des Leibdieners diesmal. Es gruselte auch ihn gehörig vor diesem Saal.

»Setzt Euch doch, werter Rabanus Rochus«, sagte Padrubel zum übellaunigen Hofzauberer, kaum dass Kilians Thronsessel vor der Bühne abgestellt war. »Diesmal soll nichts und niemand dieses Puppenspiel verhindern.« Und damit drückte der Hofmedicus den störrischen Rabanus Rochus geradezu auf einen Stuhl und setzte sich fröhlich daneben.

»WO IST DENN NUN DIE HOLDE PRINZESSIN?«, brüllte der Lieblingsleibdiener nebenan.

Aber Padrubel bat den König, noch ein wenig Geduld zu haben und zur Eröffnung des Puppenspiels ein paar königliche Worte zu sagen.

»MÖGEN DIE SPIELE BEGINNEN!«, brüllte der Leibdiener darauf, kaum dass König Kilian sein Sprüchlein gemurmelt hatte. »UND MÖGEN SIE EIN BESSERES ENDE FINDEN ALS BEIM LETZTEN MAL.«

Danach herrschte gespannte Stille. Die billigen Kerzen knisterten und zischten und der ganze Saal hielt den Atem an. Einzig Rabanus Rochus wagte es, sich zu regen. Er begann sich unauffällig zu kratzen, denn plötzlich war er so nervös, dass es ihn schrecklich juckte. Was wurde hier gespielt?, fragte er sich und zuckte dann zusammen, weil sich mit einem Quietschen, das eigentlich ein Kreischen war, der fadenscheinige Vorhang bis auf halbe Höhe hob. Der Balken, den Papa Dick dahinter eingezogen hatte, blieb unsichtbar – und ebenso jene, die auf dem Balken lagen und auf ihren Einsatz warteten.

Auf der Bühne aber stand nicht Papa Dick in der Rolle des Moritatensängers. Auf der Bühne stand ein Totenkopf, in dessen hohler Mitte eine Kerze brannte, sodass seine leeren Augenhöhlen zu leuchten schienen.

Ein Raunen ging durch den Saal. Ein furchtsamer Trompeter hielt sich die Augen zu, einer der Ritter griff vorsichtshalber nach seinem Schwert, und Padrubel bemerkte zu seiner Zufriedenheit, dass sich der nervöse Rabanus Rochus noch heftiger kratzte als vorher.

Dann begann Rodrigo Raubein auf dem Balken mit verstellter Stimme seine selbst verfassten Einleitungsverse vorzutragen, und es klang, als würde der gespenstisch beleuchtete Totenkopf zum Publikum sprechen, denn Rodrigo Raubein machte seine Sache geradezu unheimlich gut.

»Zeugen seid ihr in dieser finsteren Nacht,
erfahren sollt ihr, wer es vollbracht,
dies schändliche Verbrechen!

Wir Toten sind aus den Gräbern gekrochen,
um euch zu sagen, wer es verbrochen,
dies schändliche Verbrechen!

Wir bleichen Gebeine halten Gericht,
wir sind die Gerechten und dulden es nicht,
dies schändliche Verbrechen!

Drum rufen wir jetzt den Lindwurm herbei,
der es mittat, einer der zwei,
dies schändliche Verbrechen!

Gegen den König verschworen hat sich die Truppe,
doch wir spucken ihr jetzt in die Suppe
und rufen Wak, die Drachenpuppe!«

Bei diesen letzten Worten des sprechenden Totenschädels wollte Rabanus Rochus aufspringen. Allein der Name des Drachen musste bedeuten, dass man ihm auf die Schliche gekommen war.

Aber dann spürte Rabanus Rochus den festen Griff des Hofmedicus Padrubel, der ihm wie nebenbei die Hand auf den Unterarm gelegt hatte. Nein, dachte sich Rabanus Rochus, wobei es ihn schlimmer juckte denn je, er würde einfach leugnen, den Drachen zu kennen. Wak war weit fort, wahrscheinlich trug er Kilians Schatz gerade ins ferne Ghudipan. Er, Rabanus Rochus, musste jetzt nur die Nerven behalten.

Leider waren die unsichtbaren Puppenspieler offenbar nicht Rabanus Rochus' Meinung. Vielmehr schienen sie zu glauben, der Drache könnte sie hören, denn ihre lauten Rufe hallten auf einmal durch den ganzen Saal, ja wahrscheinlich durch die ganze Schauderburg.

»Wir rufen den Wak!«, rief Rodrigo Raubein auf seinem Balken und dann fielen alle anderen wie ein Echo ein.

»Wir rufen den Wak!«, brüllte Knirps.

»... rufen den Wak!«, schrie Flip aus vollem Hals.

»… den Wak!«, kreischte Sokrates.

»Wak!«, riefen die Dicks.

Dem Lieblingsleibdiener im Publikum stand jetzt der Angstschweiß auf der Stirn. König Kilian hingegen setzte sich in seinem Sessel auf. Das schwarze Spiel dort auf der Bühne fing an, ihn zu interessieren. Er hatte seit jeher eine Schwäche für Totenköpfe gehabt.

»Wir rufen den Wak!« – »… rufen den Wak!« – »… den Wak!« – »Wak!«

So hallte es durch die Gänge und Galerien der Schauderburg, durch Säle, Kammern und Treppenschächte, bis in den tiefsten Keller hinab, wo der Drache Wak tatsächlich auf König Kilians Goldschatz lag, die Tatzen in Münzen vergraben und den schweren Kopf auf goldene Teller, Kelche und funkelnde Edelsteine gestützt.

»Wir rufen den Wak!« – »… rufen den Wak!« – »… den Wak!« – »Wak!«

Der Drache öffnete die Augen und sein gelber Blick stach in die Dunkelheit. Er wollte das Rufen überhören, aber bald stellten sich seine nachtschwarzen Schuppen auf, sein stacheliger Schwanz begann unruhig durch die Goldmünzen zu fegen, und sein großes schwarzes Herz schlug plötzlich schneller, als ihm geheuer war.

Wer rief ihn da? Die Burg war verwaist. Als er angekommen war, hatte er nach Gespenstern gewittert und sich danach beruhigt zur Ruhe gebettet, erschöpft vom Flug mit seiner schweren Last. Gab es hier etwa doch Burggeister? Wak hob den mächtigen Schädel und stieß eine dichte Schwefelwolke aus. Woher kannten die Geister seinen Namen?

Noch immer hallten die unheimlichen Rufe durch das Gemäuer. An Schlaf war nicht mehr zu denken. Wak stemmte sich auf seine Drachentatzen. So unbehaglich ihm auch zumute war, er musste nach dem Rechten sehen, wollte er in diesem Keller jemals Ruhe finden. Und wenn ihn jemand aus der Welt der Lebenden mit diesen Rufen narrte, dann würde er ihn auf kleiner Flamme braten. Wak schnaubte und ein lodernder Feuerstrahl erhellte das nackte Mauerwerk ringsum. Halb schnaubte Wak vor Zorn und halb, um sich Mut zu machen. Er begann seinen schweren Körper die Treppe hinaufzuschleppen, immer den widerhallenden Rufen nach.

»Wir rufen den Wak!« – »... rufen den Wak!« – »... den Wak!« – »Wak!«

Oben im Saal hatte das Publikum mittlerweile zu raunen und zu flüstern begonnen. Man wunderte sich über dieses seltsame Spiel, bei dem offenbar keine einzige Marionette, sondern allein ein einsamer Totenkopf zum Einsatz kam – und obendrein einer, der mit vielen Stimmen stets dasselbe rief. Nicht wenigen Zuschauern schwirrte allmählich der Kopf, nur der wunderliche König Kilian schien das unheimliche Spektakel zu genießen.

Rabanus Rochus schöpfte derweil wieder Hoffnung. Das Jucken ließ nach – je länger der Drache auf sich warten ließ, desto geringer war sein Verlangen, sich zu kratzen. Hier war kein Wak, sagte er sich. Sollten die Narren hinter dem Vorhang doch nach dem Drachen rufen, bis sie heiser waren.

Doch in diesem Moment schwangen die Saaltüren auf und eine grellrote Flamme züngelte durch den Mittelgang. Alle fuhren herum, die Ritter griffen nach ihren Schwertern, und der zartbesaitete Trompeter versteckte sich unter dem Stuhl. »Heißa! Was für ein Spektakel!«, hörte der Leibdiener mit den großen Ohren seinen König nuscheln, aber das übersetzte er nicht, weil ihm vor Schreck die Stimme versagte.

»Wer ruft mich?«, grollte Wak am Ende des Saals, grausam und kampfeslustig.

Der Hofmedicus Padrubel warf seinem Sitznachbarn Rabanus Rochus einen prüfenden Blick zu. Der Hofzauberer kratzte sich, als ob er nicht zwei, sondern zwei Dutzend Hände hätte.

»Ruft ihr mich?«, grollte Wak und ließ den gelben Blick über die Köpfe des entgeisterten Publikums schweifen.

»Wir rufen dich, Wak!«, donnerte in diesem Augenblick Rodrigo Raubein hinter dem Vorhang und im selben Moment rasselten fünf Knochenmänner vom Balken herab auf die Bühne. Es waren die Skelette, die Rodrigo Raubein einst aus Gips gebastelt und an den schwarzen Felsen des Haarzubergs geschmiedet hatte. Doch jetzt hingen sie nicht mehr an eisernen Ketten, sondern an feinen Marionettenschnüren und wurden von Rodrigo Raubein, Knirps, Flip und den Dicks geführt, wobei niemand seine Sache so gut wie Rodrigo Raubein machte.

Und wie grässlich die Skelette auf der Bühne mit ihren Knochen klapperten! Und wie schaurig es aussah, als sie den leuchtenden Totenkopf in der Bühnenmitte umtanzten! Und wie viel furchterregender ihre immer gleichen Rufe klangen, jetzt, wo man die Rufer sah: »Wir rufen den Wak!« – »... rufen den Wak!« – »... den Wak!« – »Wak!«

Der Drache war bis in die Mitte des Saals gekrochen, bevor die Knochenmänner auf die Bühne rasselten – dann lähmte ihn die Gespensterfurcht, die, wie der drachenkundige Padrubel gewusst hatte, für ghudipanische Drachen typisch ist. Wak konnte sich kaum noch rühren, vergrub den Kopf unter den stinkenden Tatzen und wimmerte um Gnade. »Lasst mich! Lasst mich!«, jammerte er. »Ich tue, was immer ihr wollt, nur lasst mich!«

Possenburg

Rabanus Rochus hielt es nicht mehr auf dem Stuhl. Er wollte aufspringen, aber der Hofmedicus Padrubel drückte ihn mit fester Hand auf seinen Sitz zurück.

Einer der Knochenmänner tanzte vor. Rodrigo Raubeins tiefste Theaterstimme erklang. Er führte diesen Knochenmann und er war wirklich ein besonders guter Puppenspieler. »Wenn du dich auslösen willst, Wak«, sagte er, »dann hilft dir nichts außer der reinen Wahrheit.«

»So sei es, so sei es«, jammerte der Drache im Mittelgang. Er zitterte am ganzen Körper. Im Saal breitete sich Schwefelgeruch aus. Dicke gelbe Schwaden mischten sich unter die von der Decke baumelnden Spinnweben.

»Dann sprich die Wahrheit«, donnerte Rodrigo Raubein und sein Knochenmann hob drohend die bleichen Arme. »Beantworte meine Fragen, Drache Wak. Und sprichst du nicht wahr, so nehmen wir dich mit ins Totenreich, wo die Gespenster mit dir kegeln!«

»Ich sage alles. Was wollt ihr wissen, Geister?«, stammelte Wak, den Kopf immer noch unter den schützenden Tatzen.

»Tritt vor bis zum Bühnenrand, Drache Wak!«, befahl Rodrigo Raubein.

Wak kroch vor wie ein geprügelter Hund.

»Wer hat den Schatz König Kilians gestohlen?«, fragte Rodrigo Raubein.

»Das war ich«, stammelte Wak. »Er liegt dort unten im Keller. Ihr ... Der König ... Er kann ihn wiederhaben!«, stieß er aus, was König Kilian in seinem Thronsessel ein nie zuvor beobachtetes Grinsen entlockte.

»Und wer hat dich in die Schatzkammer geführt?«, fragte Rodrigo Raubeins tiefste Stimme.

»Das ist Rabanus Rochus gewesen«, antwortete Wak heiser. »Der Schatz war der Preis dafür, dass ich ihm meine Kräfte lieh. Mit mir konnte er fliegen und sein magisches Feuer war in Wahrheit meines.«

Zwischen Rabanus Rochus und dem Hofmedicus hatte eine Art Zerrspiel begonnen. Rabanus Rochus riss an seinem Arm, um ihn freizubekommen, aber Padrubel ließ ihn nicht los.

»Und wer hat den Namen Rodrigo Raubeins an die Wand geschrieben?«, donnerte Rodrigo Raubein. Wie streng und stolz er auf einmal klang! Fast so, als würde er eine seiner erfundenen Räubergeschichten erzählen. Nur erzählte er diesmal nicht, er spielte. Falls das einen Unterschied macht.

Wak presste seine Antwort mit einer schwarzen Rauchwolke heraus. »Rabanus Rochus! Rabanus Rochus war's! Um den Verdacht von sich abzulenken.«

»Und hast du auch die Prinzessin entführt?«, rief Rodrigo Raubein.

»Auf Rabanus Rochus' Geheiß!«, wimmerte der Drache. »Ich habe alles auf Rabanus Rochus' Geheiß getan! Damit der König noch trübsinniger wird und schließlich an seinem Trübsinn stirbt. Rabanus Rochus wollte selber König werden!«

In diesem Augenblick ging das Zerrspiel zwischen Hofzauberer und Hofmedicus zugunsten des Hofzauberers aus. Rabanus Rochus riss sich mit der Kraft der Verzweiflung los und wollte am Drachen vorbei die Flucht antreten. Doch der verängstigte Wak war mittlerweile derart verschreckt, dass er den im wehenden schwarzen Mantel heraneilenden Zauberer für das nächste Gespenst hielt und kreischend einen Riesensatz machte, wobei er den Zauberer halb unter sich begrub.

»Lasst mich! Lasst mich! Lasst mich!«, kreischte der Drache und schwitzte dichten Rauch aus sämtlichen Poren. »Ich habe doch alles gesagt! Lasst mich los!«

Aber Rabanus Rochus wusste nichts Besseres, als sich an den schuppigen Hals des Drachen zu klammern, weswegen Wak aufsprang und wie von der Tarantel gestochen auf die ungeputzten, spinnwebverhangenen Fenster zustürmte und dabei wild mit den Flügeln schlug. Und das Nächste, was Knirps, Flip, Rodrigo Raubein und Sokrates, die schnell von ihrem Balken gesprungen waren, sahen, war, wie der Drache – den brüllenden Rabanus Rochus am Hals – das Fenster durchschlug und taumelnd in die Nacht hinausflog.

Gewiss hätte man die beiden da draußen noch lange kreischen hören – den einen aus Angst vor dem anderen –, aber dafür war das unbändige Gelächter im Saal viel zu laut.

»Ha-ha-ha«, übersetzte Kilians Lieblingsleibdiener ermattet, während sich König Kilian selber vor Lachen bog.

Letztes Kapitel

in dem fast jeder tut, was er will

Mitten im finsteren Mittelalter, an einem Mittwoch und obendrein zur Mittagszeit, rumpelte und holperte ein hoher, kastenförmiger Wagen, der von drei Eseln gezogen wurde, auf das Schloss König Kilians des Letzten zu, den man eigentlich nicht mehr den Letzten nannte, weil er in der Prinzessin Filippa Annegunde Rosa eine ausgezeichnete Thronfolgerin hatte. Die Sonne schien und ein sanfter Wind strich durch die Kronen der Bäume und die Vögel sangen ihre Lieder. Es war nämlich nicht alles finster im »finsteren Mittelalter«, weil es zum Beispiel noch sehr viele Vögel gab. Das freute insbesondere den kleinen bunten Papagei auf dem blechernen Schornstein des kastenförmigen Wagens – schließlich war Sokrates selber ein Vogel, wenn auch vielleicht ein schräger.

Der Puppenwagen, auf dem sich Sokrates nach vielen Monaten zum ersten Mal wieder zum Königsschloss fahren ließ, sah übrigens noch fast genauso aus wie in jener stürmischen Mittwochnacht, in der Knirps ausgebüchst war, um Knappe des Raubritters Rodrigo Raubein zu werden. Am Zaumzeug der Esel bimmelten noch dieselben Glöckchen, die Wände des Wagens waren noch mit denselben Figuren bemalt und den blechernen Schornstein gab es natürlich auch noch, denn anders hätte Sokrates ja nicht darauf sitzen können.

Die Geranien unter den Fenstern aber gab es nicht mehr, in den Kästen wuchsen stattdessen Kakteen, darunter eine besonders zarte namens Tusnelda. Und über den Fenstern waren zwar noch immer große geschnörkelte Buchstaben aufgemalt, es waren aber nicht mehr dieselben Buchstaben wie früher.

RODRIGO RAUBEINS PUPPENTHEATER

stand dort jetzt, denn Rodrigo Raubein hatte die Rüstung an den Nagel gehängt und war unter die Puppenspieler gegangen. Er hatte die Schauderburg seiner Vorfahren gegen das Puppentheater von Papa Dicks Vorfahren getauscht und war seitdem mit Sokrates durch die Lande gezogen, und zwar sehr zum Vergnügen des geschichtenkundigen Papageis.

Rodrigo Raubeins Puppenspiele waren nämlich sehr viel besser als die von Papa Dick. Sie waren nicht öde und vorhersehbar, sondern aufregend und ungewöhnlich, was manchmal auch an den Skeletten aus Gips lag, die drinnen nun zwischen den Marionettenpuppen von der Decke hingen. Als Hausgenossen hatte sich Sokrates erst an sie gewöhnen müssen, aber mittlerweile waren sie ihm genauso vertraut wie der nachtschwarze Drache, der Zauberer, die Ritter, die Prinzessin, der König und der bunte Hanswurst.

Es gab sogar ein Puppenspiel, in dem sie alle mitspielten. Es hieß *Knirps, mein Knappe* und Rodrigo Raubein hatte es selber verfasst. Nachts, bei Kerzenlicht, die Feder in der Hand und das uralte Geschichtenbuch an seiner Seite, war er ein glücklicher Mensch – viel glücklicher, als er es je in der Schauderburg gewesen war.

Die Dicks wiederum waren, davon hatte sich Sokrates selbst überzeugt, in der Schauderburg glücklicher, als sie es je im Puppenwagen gewesen waren. Die Grafen Fadenzupf, wie Knirps sie manchmal nannte, hatten endlich eine Heimstatt gefunden, in der seit Jahrhunderten alles beim Alten war.

Sie hatten sogar Rodrigo Raubeins Kartoffelacker und Gemüsebeete übernommen, gossen ihre Geranien nun vor den Fenstern des Südturms und hatten die Kreuze und Grabplatten vom schmalen Felsenpfad entfernt. Der Ritter Bogumil Drohmir, die dreizehnköpfige Berserker-Bande oder der vierzehnköpfige Lindwurm Lassmich kamen nur noch in Rodrigo Raubeins Puppenspielen vor.

Die Gipswerkstatt schließlich gab es auch nicht mehr. Papa Dick hatte sie in eine gewöhnliche Werkstatt verwandelt und als Allererstes die fehlende Planke in der Zugbrücke ergänzt, auch wenn sie die Zugbrücke nicht sehr oft betraten. Mama und Papa Dick mochten es gemütlich und blieben am liebsten daheim. Dann sprachen sie von ihrem unsteten Puppenspielerleben und konnten sich gar nicht mehr vorstellen, wie sie so lange etwas hatten tun können, das sie eigentlich gar nicht hatten tun wollen.

Aber es ist eben gar nicht so einfach, zu tun, was man will. Oft braucht man lange, um es herauszufinden, und manchmal braucht man dazu auch ein bisschen Glück. Wie zum Beispiel, dachte Sokrates auf seinem Schornstein, hätte Rodrigo Raubein

herausfinden sollen, dass er zum Puppenspieler geboren war, wenn nicht er, Sokrates, eines Tages mit Papa Dicks Puppentheater vor der Schauderburg gestanden hätte?

Diesen Gedanken dachte Sokrates öfter, denn er dachte diesen Gedanken gern. Er tröstete ihn nämlich jedes Mal darüber hinweg, wie hilflos er gewesen war, als er die Geschichte von Knirps voraussehen wollte.

Aber war nicht die ganze Welt eine große Geschichte, in der sogar kleine Papageien eine Rolle spielten? So ähnlich hatte es damals Padrubel gesagt, der drachen- und gewiss auch geschichtenkundige Medicus, mit dem Sokrates seither einen Briefwechsel pflegte, auch wenn Padrubel mit seinen weichen Ärztehänden weit schönere Briefe schrieb als Sokrates mit seinen harten Krallen.

Sokrates hatte jeden von Padrubels Briefen aufbewahrt, einen hatte er Rodrigo Raubein eines Abends sogar vorgelesen. Es war der Brief, in dem Padrubel berichtete, dass Rabanus Rochus angeblich am Nordpol gesehen worden sei. Wie es hieß, sei es dem Zauberer gelungen, dem Zorn des Drachen Wak zu entfliehen. Seitdem verstecke er sich im höchsten Norden in einem Turm aus Eis und narre die Eisriesen, während der rachsüchtige Wak rund um die Welt fliege, um Rabanus Rochus aufzuspüren.

Ob wirklich etwas dran war an der Geschichte, wusste Padrubel nicht, König Kilian aber habe, als er sie zum ersten Mal hörte, lauthals gelacht, was mittlerweile so oft vorkomme, dass der Leibdiener das königliche Lachen nicht mehr übersetze.

Der Leibdiener, so hatte Padrubel geschrieben, brülle nur noch Kilians vernuschelte Klagen heraus, die deutlich seltener geworden seien, auch wenn Kilian immer noch viel Zeit in der Kissengruft verbringe, auf heiße Bäder und große Mengen

Süßigkeiten schwöre und so wenig regiere wie möglich. Gewiss würde er sich auch heute wieder in den Theatersaal tragen lassen, wenn Rodrigo Raubein dort seine Vorstellung gab. Ob es Knirps recht sein würde, wenn er *Knirps, mein Knappe* spielte?

Nun, das konnte Rodrigo Raubein ihn jeden Augenblick selber fragen, denn der Puppenwagen hatte das Schloss beinahe erreicht.

Die Räder knirschten schon über den Kies in der Einfahrt, und vor dem Schloss sah Sokrates die Prinzessin Filippa Annegunde Rosa stehen. Und wenn ihn sein scharfer Papageienblick nicht täuschte, wartete dicht an Flips Seite ihr Knappe namens Knirps.

Michael Ende (1929–1995) zählt zu den bekanntesten deutschen Schriftstellern und war zudem einer der vielseitigsten Autoren. Neben Kinder- und Jugendbüchern schrieb er poetische Bilderbuchtexte und Bücher für Erwachsene, Theaterstücke und Gedichte. Viele seiner Bücher wurden verfilmt oder für Funk und Fernsehen bearbeitet. Für sein literarisches Werk erhielt er zahlreiche deutsche und internationale Preise. Seine Bücher wurden in mehr als 40 Sprachen übersetzt und haben eine Gesamtauflage von über 35 Millionen Exemplaren.

Wieland Freund wurde 1969 geboren, gerade rechtzeitig, um als Zehnjähriger *Die unendliche Geschichte* zu lesen. Er studierte Germanistik und Anglistik und blieb Michael Ende treu. Zu Wieland Freunds bekanntesten Romanen für Kinder zählen *Die unwahrscheinliche Reise des Jonas Nichts*, *Törtel* und *Wecke niemals einen Schrat!*. Für *Krakonos* wurde er zuletzt mit dem Rattenfänger-Literaturpreis ausgezeichnet und für den Deutschen Jugendliteraturpreis nominiert.

Regina Kehn, 1962 geboren, wuchs mit *Jim Knopf* und der *Wilden 13* auf. Nach dem Studium der Illustration an der HAW Hamburg begann sie, als freie Illustratorin zu arbeiten und wurde seither vielfach ausgezeichnet. Sie illustrierte bereits mehrere Werke von Michael Ende, darunter *Der lange Weg nach Santa Cruz* (nominiert für den Deutschen Jugendliteraturpreis). 2016 erhielt sie für ihre Illustrationen in dem Kinderbuch *Freunde der Nacht* den Rattenfänger-Literaturpreis.

Mehr über unsere Autoren, Illustratoren und Bücher auf:
www.thienemann-esslinger.de

Ende, Michael / Freund, Wieland:
Rodrigo Raubein und Knirps, sein Knappe
ISBN 978 3 522 18500 4

Nach einem Romanfragment von Michael Ende, ursprünglich erschienen in *Der Niemandsgarten – Aus dem Nachlass* von Michael Ende, hrsg. von Roman Hocke, Weitbrecht Verlag in K. Thienemanns Verlag, 1998

Text: Michael Ende (Kapitel 1–3) und Wieland Freund (Kapitel 4–16)
Gesamtgestaltung: Regina Kehn
Lektorat: Frank Griesheimer, Starnberg
Einbandtypografie: formlabor
Innentypografie: Bettina Wahl, Salem
Reproduktion: Schwabenrepro, Stuttgart
Druck und Bindung: Livonia Print, Riga

FSC
www.fsc.org
MIX
Papier aus verantwortungsvollen Quellen
FSC® C002795

4. Auflage 2019

Die phantastische Welt

Michael Ende

Das große Michael-Ende-Vorlesebuch

144 Seiten · Gebunden · ISBN 978-3-522-18416-8

Wagemutige Seiltänzer, zahme Lindwürmer und kleine Schnurpse laden ein auf eine Reise durch Michael Endes phantastische Welt, in der die Zeit plötzlich rückwärts läuft und Wünsche tatsächlich wahr werden.
Die schönsten Erzählungen, Märchen und Gedichte des berühmten Autors – ein besonderes Lese- und Vorlesevergnügen!

Michael Ende

Das Schnurpsenbuch

144 Seiten · Gebunden · ISBN 978-3-522-18443-4

Schnurpse – das sind diese fröhlichen, kleinen Freunde, die überall dort auftauchen, wo gute Laune herrscht. Die kleinen und großen Streiche der Schnurpse, die Einschlafverse, Rätsel und Geschichten sind nicht nur lustig, sondern auch frech und schlau. Ihre Zaubersprüche gegen schlechte Laune, böse Träume und Bockigsein wirken wahre Wunder! Die Schnurpse sind einfach immer da, wenn man sie braucht.

von Michael Ende

Michael Ende
Jim Knopf und Lukas der Lokomotivführer

272 Seiten · Gebunden · ISBN 978-3-522-18397-0

Jim Knopf und Lukas der Lokomotivführer sind beste Freunde – von dem Tag an, als der kleine Jim in einem Paket auf der winzigen Insel Lummerland landet. Gemeinsam mit der Lokomotive Emma erleben sie die spannendsten Abenteuer mit Scheinriesen, Halbdrachen und vielen anderen außergewöhnlichen Wesen.

Michael Ende
Jim Knopf und die Wilde 13

288 Seiten · Gebunden · ISBN 978-3-522-18398-7

Molly ist von der Wilden 13 – einer Piratenbande – entführt worden. Jim Knopf und sein bester Freund Lukas der Lokomotivführer müssen sie unbedingt befreien! Auf ihrer zweiten Abenteuerreise bringen sie nicht nur Emma, die alte Lokomotive, zum Fliegen, sondern lernen auch einen echten Meerkönig kennen. Zu guter Letzt gelingt es ihnen sogar, die schreckliche Seeräuberbande zu besiegen.

THIENEMANN
Wir schreiben Geschichten!

www.thienemann.de

MAMA DICK
WAK
PADRUBEL
EIN DIENER
PAPA DICK
RABANUS ROCHUS